GARVY CAMP BOOKS

快適
キャンプマニュアル

GARVY CAMP MAGAZINE

実業之日本社

Contents

Chapter 1

キャンプの基礎知識

Chapter 2

キャンプサイト実践術

Chapter 3

キャンプ料理と場所

※本書は、キャンプ雑誌『ガルヴィ -GARVY-』(実業之日本社刊) 各号の掲載記事を元に再編集し、刊行するものです。

Chapter 1

キャンプの基礎知

キャンプ場はどんな場所？　道具はどう使うの？
キャンプをはじめるときは、知らないことがたくさん。
でも、事前知識を身につけて、実際に体験すれば
何を準備すればいいか、現地では何をすればいいかが
自然と身に付き、すぐに行動できる。
まずは、“知ること”からキャンプをはじめよう。

キャンプエキスパートが教える

ファミキャン基本講座

BBQ経験はあるけれど、キャンプは未経験。そんなビギナーファミリーのために、
コシさんがファミリーキャンプ講座を開講！

興味があるけれど 最初の一歩を踏み出せない

　神奈川在住の大島さんファミリーは「キャンプっておもしろそう。でも、何を持っていけばいいんだろう？　テントを建てるのは簡単？　寝袋でちゃんと眠れるのかなぁ？」と不安になって、最初の一歩を踏み出せずにいたという正真正銘の初心者キャンパー。とりあえずテントやシュラフなど必要そうな道具だけを揃えて、「行けばなんとかなる！」の精神でキャンプ場に突撃してしまうケースをよく聞くが、はじめてテントを広げてみても建て方はわからず、急な悪天候に見舞われると大変な状況になってしまう。自然のなかで気持ちよく過ごすためには最低限の基礎知識と準備が必要なのだ。

　不安いっぱいの超初心者キャンパーのために立ち上がったの

ホタル、見たい！
カエル、捕まえたい！

焚き火に
興味があります。
うまくできるかな？

大島さんファミリー

海好きのパパ、不安と期待いっぱいのママ、小学2年生のシオリちゃん。おじいちゃんたちとBBQに行くものの、キャンプ経験は皆無だ。

初めてでも
楽しいよ！

teacher

小清水哲郎さん

アウトドア・ライフスタイル・プロデューサー。アウトドアの研修やコンサルに携わるほか、ファミリーにアウトドアの楽しさを指南。呼び名はコシさん。

ロゴス／グランベーシック 丸洗い3FDスリムテーブル

が、アウトドア・ライフスタイル・プロデューサーのコシさん。何を用意してどうやって使うか、そして知っているとちょっと自慢できることを教えてくれる「ファミキャン基本講座」を開講した。

これに大島さんファミリーが読者代表として参加。はじめてのキャンプを前に「どうすればいい？」をコシさんと一緒に解決だ。

ひとつずつ広げて確認したよ

テントは500×300cm、タープは460×435cm。数字で考えるより、広げればキャンプサイトのどれくらいを占めるか体感できる。

何が必要？

まずは道具をチェック

キャンプサイトはなんにもない広場

　会場となったオートキャンプ・フルーツ村（千葉県）は、炊事棟、トイレ、シャワー、売店を有するファミリーにはスタンダードな施設がそろうキャンプ場だ。

　サイトの広さは場所により異なるけれど、おおよそ8×10m。

キャンプサイトはベンチも屋根もないただの広場。まずはこのスペースを大島家が快適に過ごせるよう道具を使って整えるのが最初のミッションだ。

　今回はファミリーキャンプに必要なもっともスタンダードな道具をひとつずつ確かめていく。大島さんたちはクルマからサイトに道具を運び、テントの大きさ、寝袋の軽さを実感した模様。

「キャンプ場は夏休みや連休は利用者がいっぱいで場内はぎっしり。地形を観察して、太陽がどう動くか、風はどう抜けるかなどを考えてなるべく平らなところにテントをたてます。通路や隣のサイトとの兼ね合いも考慮して、みんなで道具の配置を考えよう」（コシさん）

料理を作るための道具

- ☑ バーナー
- ☑ キッチンテーブル、スタンド
- ☑ クーラーバッグ、クーラーボックス
- ☑ ウオーターボトル、ジャグ
- ☑ クッカー
- ☑ 包丁、まな板、調理道具
- ☑ 食器、カトラリー

焚き火をするための道具

- ☑ 焚き火台
- ☑ ナタ
- ☑ 耐熱グローブ
- ☑ 焚き火用トング
- ☑ ライター、マッチ、トーチ

寝るための道具

☑ テント
☑ テントマット
☑ マット（人数分）
☑ 寝袋（人数分）
☑ LED ランタン

くつろぐための道具

☑ タープ
☑ テーブル
☑ チェア
☑ LED ランタン
☑ 燃焼系ランタン

どこに何を置く?
みんなで設営

最初にタープを建ててテントを接続

キャンプサイトの大部分を占めるのがテントとタープ。この日はあいにくの梅雨空で、時折さーっと雨が降る。

「今日みたいな天気では、テントの入り口とタープをくっつけておくと濡れずに移動できます。

このテントは自立式なので位置を調節しやすいという特徴があります。でも、タープは一度建てたら動かすのが大変。だか

子どもにできる設営のお手伝い

1〜3歳	プラスチックハンマーでまねっこ、軽い道具の持ち運び	7〜10歳	4 〜 6歳でできること+テント設営、道具の持ち運び
4〜6歳	1 〜 3歳でできること+ファニチャーの組み立て	11歳以上	7 〜 10歳でできること+親子で相談しながらサイト作り

ら、しっかりタープの位置を決めましょう」（コシさん）
　今回用意したテントとタープは、風さえなければひとりで設営できるけれど、初心者キャンパーは無理せず家族みんなで協力して設営していこう。
「シオリちゃんはやる気十分。親が全部やるのではなく、最初に手本を見せて、あとはシオリちゃんにまかせるのもいいですね。ゴムのハンマーがあると、手に衝撃がなく、そこそこ重量があるので子どもでもペグ打ちしやすいんですよ」（コシさん）
　テントとタープを建てたら、あとはファニチャーを並べるだけ。
「自分たちが使いやすいように考えて。焚き火台やランタン、バーナーなど燃焼する道具は、テントの中やタープの下で使うとやけどや一酸化炭素中毒などの危険があるので、外に出してくださいね」（コシさん）

STEP 01

タープの位置を決めよう

テントとタープをどう配置するかを考えておく。実際にその場所にテントのインナーとタープを広げれば、大きさの検討がつく。場所を決めたら、自立式テントよりも位置の微調整をしづらいタープから設営スタート！

STEP 02

ポールを伸ばしてスタンバイ

タープの収納袋からポールを取り出して伸ばしておく。張り綱も全部ほどいて長さを確認。「太いポールがメインポール、細くて短いのがサブポール。奥のほうまでしっかり接続しましょう」（コシさん）。

STEP 03

張り綱をタープに取り付けよう

タープの四隅に張り綱を結びつける。「どんな結び方でもいいけれど、もやい結びだとほどきやすく“おっ、知ってるな”と思われます。救助にも使われる結び方なので、みんなで練習しましょうか」（コシさん）。

STEP 04

メインポールから建てていこう！

タープにメインポールを差し込み、タープの上から一番長い二股の張り綱で押さえるようにする。あとは張り綱の端っこをペグで固定するだけ。ポールと2本のペグできれいな三角形を描くようにするとバランスがいい。

テントを広げてフレームを通す

STEP 05

広げたインナーテントに、一番長いメインポールを通す。「ポールがクルマやほかの人にあたらないように気をつけながら、説明書に従えば誰でも設営できます。ポールとそれに対応するスリーブやフックなどが同じ色になっていることが多く、説明書を忘れても案外大丈夫」（コシさん）。

フックを引っかけていく場合は、上から順番に。適当な順番だと最後のフックをかけるのに力がかかることもあるからだ。メインポールができたら、残りのポールを装着しよう。

メインポール2本をスリーブに通したら四隅のピンやグロメットにポールを差し込む。ポールのはしを持ちながら、みんなで生地をたぐりよせるとポールはきれいな弧を描く。

STEP 06

フライシートをかけよう

前後左右を確認してから、フライシートをかける。「大抵左右対称です。ロゴがあって、ファスナーが2本あるほうが前のことが多いかな」（コシさん）。裏側のベルクロも忘れずに。

張り綱とペグでテントを固定

インナー、フライシートをそれぞれ固定する。「張り綱はテントの縫い目と同じ向き、テント中心を通るように伸ばすとシワがないきれいなテントになります」(コシさん)。

コールマン/タフワイドドームⅣ/300ヘキサセット(オリーブ/サンド)

ファニチャーを配置して大島ファミリーのサイトが完成

テントとタープが完成したら、ファニチャーを組み立てて配置。テントの中にマットと寝袋をいれておけば、設営作業はほぼ終了だ。あとは思いっきり遊ぼう。

CHECK!

明るいうちにランタン、焚き火の準備をしよう

暗くなってからランタンや焚き火の準備をしても焦るだけ。それに、燃料を忘れていることだってある。明るいうちに燃料や薪が十分か確認し、必要ならマントルの空焼きまでやっておこう。万一、燃料やマントルを忘れてしまっても、日中であれば買い出しに行けるし、うまくできない場合はキャンプ場スタッフに相談できる。

コールマン/2500ノーススター LP ガスランタン

テントの建て方
p.18

やった、できた！

料理と焚き火

CHECK!

炊事棟はみんなのもの

共同施設である炊事棟だから、果物を冷やすなど独り占めはダメ。みんなで譲り合ってきれいに使おう

昼食MENU

ホットサンド、スープ

パンにハムとチーズ、市販の千切りキャベツをはさみ、焼くだけのホットサンドは、手間がかからず、バーナーに慣れるのにちょうどいい。

バーナーも焚き火も思ったより簡単

「今のバーナーは扱いやすくて火力が十分。大抵の料理ができます。ただ、鉄板やダッチオーブンを使えないものもあるので、そういう料理をするなら焚き火台も用意しましょう」（コシさん）

　大島さんたちは初めて触れるバーナーに戸惑っていたが、すぐに慣れたよう。そして、夜は焚き火がてら、味の変化を出しやすいホイル焼きをすることにした。

　いつもBBQで着火に苦労するという大島さんファミリーだが、交点をたくさん作り一気に必要な熱を得るコシさん流焚き火術をマスターし、一晩で自信をつけた！

バーナーの使い方
P.38

＼ 夕食MENU ／

ステーキ、ホイル包み焼き、サラダ、ごはん

好きな具材と調味料をホイルに包んで火に載せるだけ。洗い物が減るし、いろいろな味ができるので飽きずにつまめる。ごはんは、沸騰後弱火にして約12分たてば炊き上がる。

熾火になったらホイルを載せよう

薪でも炭でも、炎が大きくあがっている状態は安定感がなく調理に不向き。熾火になると熱が安定してコントロールしやすくなる。

＼ 朝食MENU ／

目玉焼き、トースト、スパゲティ

目玉焼きとトーストのシンプル朝ごはんの予定だったが、夕食でごはんが失敗した時のために用意したスパゲティも追加。ちょっとボリュームのある朝ごはんで元気にスタート。

シェフになろう

朝食はシオリちゃんがシェフを買って出た。力加減を調整しなくちゃいけない卵割り、最初は難しいけれど最後の1個で大成功!

CHECK!

焚き火は薪で「大」と「小」を描くだけ

ベテランキャンパーはそれぞれ自分だけの炊き火術を確立しているもの。コシさん流のオートマチックなごきげん焚き火術を教えてもらおう。

長さがそろった形成炭や切炭は、煙突状に組み中央に火種を落とすだけ。

「大」の上に細薪でたくさんの「小」を。新聞に火をつけたらあとは何もする必要なし。

太い薪を3本使って「大」という文字を作る。間に新聞紙（焚きつけ）をふんわり置く。

おばけなんていないよ！

テントで寝る

ロゴス／丸洗い寝袋・15（ダークグリーンナバホ）、リバーシブルKIDSシュラフ

専用まくらがあると便利

携帯用まくらは肌触りがよく、柔らかさを変えるのも簡単にできる。睡眠の質にこだわるなら、好みのまくらを探してみよう。

ロゴス／セルフインフレートまくら

ベンチレーターを使え涼しくて結露しにくい

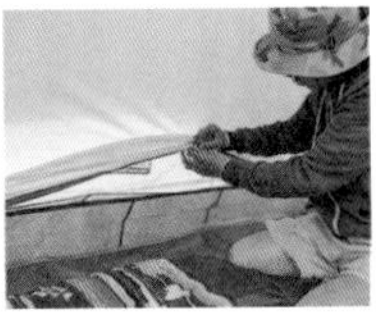

夏の里山は、都会ほどではないけれどもテントの中が暑くなる。「寝袋は潜り込まずにかけるだけに。ベンチレーターを開けて、ドアをメッシュにすればずいぶん楽ですよ」（コシさん）。

寝袋とマットって思ったより寝やすい

翌朝「不安だったけれど、寝袋とマットって案外寝心地がいいんですね」とテントから出てきた大島パパ。

「テントマットとパーソナルマットを使えば地面の上でも痛くないでしょ。今回は専用のまくらを用意しましたが、まくらって結構忘れがち。そんなときは自分の着替えを寝袋が入っていた袋に入れて、枕代わりにしてもいいんですよ」（コシさん）

コシさんによると、蒸し暑くなりそうな日はUSBタイプの扇風機を持ち込んでもいいそう。

自分たちのペースで無理せず、工夫をしながらキャンプを楽しもう。

スリーピングギアの使い方 P.38

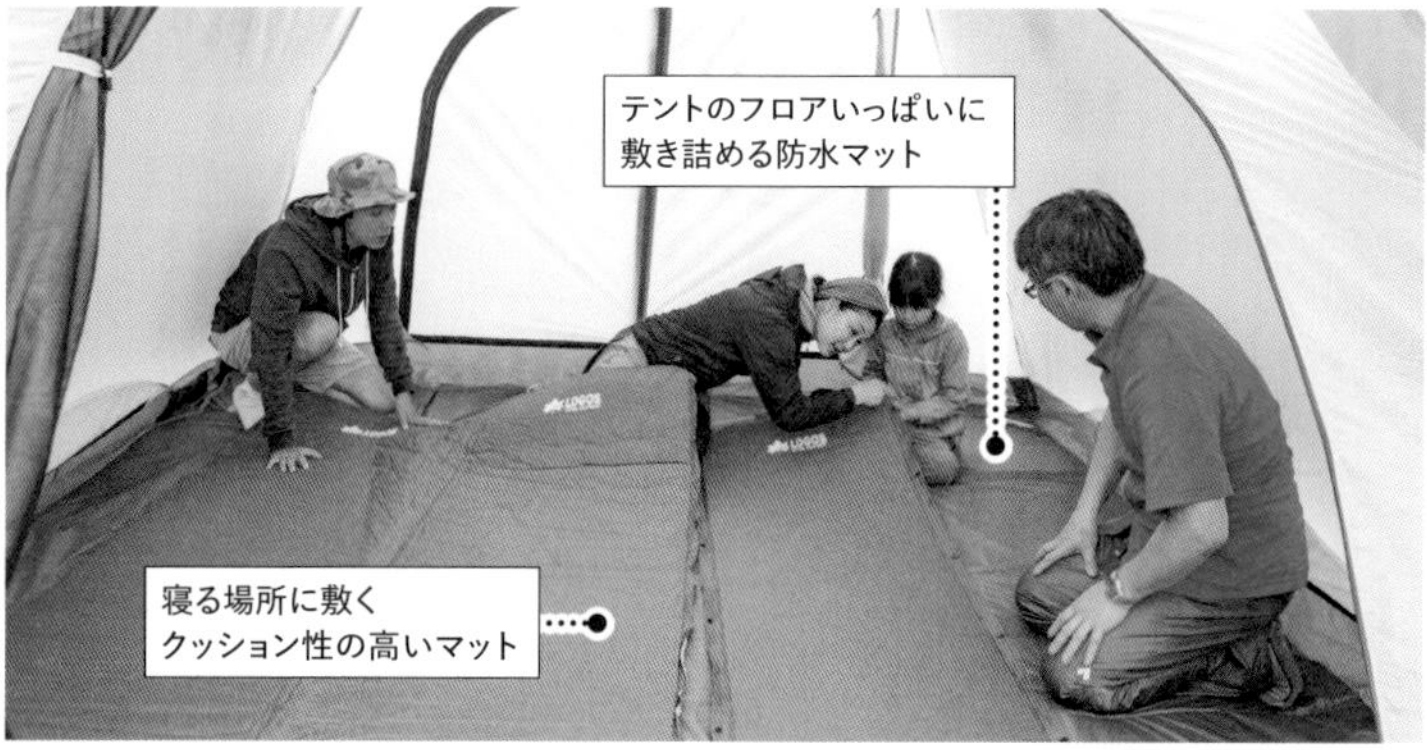

マットのバルブを早めに開けよう

自動膨張式マットやまくらはバルブを開けるだけで勝手にふくらむ。設営後、すぐにバルブを開けて放置しておくといい。「10分もすれば空気が入るので息を吹き込むのは最後の手段」（コシさん）。
ロゴス／（高密弾力）55セルフインフレートマット・SOLO、同DUO

テント内はLEDランタンを使おう

テントの中で燃焼するものを使うと危険なので、LEDランタンを用意する。明るさよりもあたたかみのある光を選びたい。

CHECK!

子ども用寝具がないときは

キャンプの頻度が高ければ専用のジュニア用を用意したいが、年に数度のキャンプで翌年サイズアウトするならもったいない。封筒型寝袋を子ども用に使うコシさん流の工夫とは！

ブランケットを中に入れる

フリースを中に入れて長さ調整。フリースシュラフは子どもが大きくなったら、冬キャンプに使えて無駄がない。

封筒型の足下をひもでしばる

足下に空間があると冷えるので、子どもの身長にあわせてひもでしばる。これだけで温かく眠れる。

幼児なら封筒型でWサイズに

同型の封筒型寝袋は2つつないでWサイズにできるものが多い。これならベビーや幼児なら親子3人で眠れる。

ロゴス／フリースシュラフ（ターコイズナバホ）

基本もおさらい

テント設営のキホン

どんなに高機能なテントであっても、基本を押さえて設営しないと、蒸れるし、風に弱くて雨漏りすらしてしまう。設営のコツを知ることで、美しく、本来の機能を発揮する！

Advisor
野毛陽平さん
神奈川県小田原市のアウトドアショップ「sotosotodays」店長。sotosotodaysは幅広い品ぞろえを誇り、その人にあった本当に使いやすいモノとは何か、いっしょに考えてくれると評判。野毛さんほかスタッフに相談に訪れるファンは多い。

sotosotodays
神奈川県小田原市
扇町2-32-6
TEL.0465-40-4410
https://sotosotodays.com

フライシートの裏まで抜かりなく！

メインポールを交差させるクロスフレームのテントはすばやく設営できるので、キャンプビギナーはもちろん、目を離せない小さな子がいるファミリーにぴったり。多くのファミリーキャンパーがここからスタートするだろう。やるべきことは、①ポールをインナーテントに装着 ②インナーテントをペグで固定する ③フライシートをかける ④フライシートを固定する、というわずか4ステップ。

ペグで固定しなくても自立するので、本体のペグダウンや張り綱をおろそかにしがちだけれど、説明書の手順を怠ると、シワシワのテントになる。これでは雨や風、そして暑さ・寒さにも弱くなる。

目指すのは、説明書やカタログ写真のような美しいテント。どんなテントでもいえることだが、張り綱や生地を左右前後に引っ張って、シワができない位置を探ろう。

設営のポイント

1 設営したい場所にインナーを広げる

テントを建てたい場所にインナーテントを広げる。入り口の向きもこの時点で決めておこう。インナーテントの前後がわからない場合は、ロゴがあるほうが前であることが多い。

PHOTO／猪俣慎吾　TEXT／大森弘恵　協力／sotosotodays、ヤマケン

もっともスタンダード

ドームテント

DOME TENT

コールマン タフワイドドームⅣ / 300ヘキサタープセット（オリーブ / サンド）
メインフレームに、圧迫感を解消するための前後のバイザーポール、空気循環を促すリッジポールをプラスすることで簡単設営と居住性の高さ、耐風性を両立させている。

2 ポールを分類する

初めてテントを建てるときに混乱するのが、どのポールがどんな役割をもっているのかがわからないこと。あらかじめ長さ、太さ、色を頼りに分類してから説明書を見れば、判断しやすい。

フロント＆リアバイザーポール
フライシートの高さを確保するポールで、メインポールよりも細い。

リッジポール
フライシートの天井部分を持ち上げるもので、もっとも細い。

メインポール
太く、2本同じ長さ。テントの装着する部分は同じ色になっていることが多い。

HINT

「一辺をペグで固定すると飛ばされない」
少しでも風が吹いていると、広げたインナーテントがめくれて設営に手間取ってしまう。風上側を一辺、付属のペグで地面に仮止めしておこう。

スリーブに押し込む

ポールを手前に引っ張ると、スリーブの途中でポールの接続が外れてしまう。押してスリーブに通すのが鉄則だ。

フックは上からかけていく

インナーテントのフックは、ポールの中心部分から下に向かってかけていくと生地が突っ張ることがない。

3 メインポールを建てる

通常、袋状のスリーブにメインポールを通すか、メインポールにインナーテントのフックを引っかける。両端はグロメット（鳩目）かクリップに差し込むのが一般的だ。ポールを立ち上げるときは生地をたぐりよせるとスムーズ。

4 その他のポールを組み立てる

2人で力を合わせてメインポールを立ち上げたら、インナーテントに前後バイザーポールを取り付ける。リッジポールはフライシートの上部に取り付けておく。

5 フライシートをかける

フライシートの前後を確認し、インナーテントの上にかける。ファミリーテントは背が高いので、ふたりで作業すると効率がいい。

7 本体、フライシート、張り綱をペグで固定

テントの位置を決定したら、インナーテントをペグで固定。ペグは地面に対して45 ～ 60度に打ち込むと、テントやロープが引っ張られても抜けにくい。フロアにシワができていないことを確認してからフライシートをペグダウン。インナーもフライも一辺をピンと張って固定したら、次に反対の辺……という具合に仕上げていく。

HINT

「中心から伸びるようにペグと張綱を伸ばそう」

四隅以外は、テントの中心とペグや張り綱を結ぶ直線をイメージ。この直線上に張り綱とペグがあれば、バランスよく、嫌なシワができにくい。フライシートの裾はピンと張り、張り綱は自在金具の位置がそろっているとキレイ。片方の手で自在金具を持ち、もう一方の手でゆっくりロープを操作して張り綱の長さを調整。テンションを維持しながら少しずつ調整しよう。

6 ベルクロをすべて装着する

フライシートの裏側にあるベルクロやひもでポールに固定していく。面倒でもこれを怠ると、突然の風や雨に対応できないことがあるので忘れずに。

8 巻き上げるときは内巻きに

パネルは内巻きにすると雨やつゆがたまりにくい。外巻きのほうが巻きやすいので、最後の2巻きだけを内向きに巻いてもいい。パネル両端をたたんでから巻くと、巻き上がりが美しい。

HINT

「フライシートはまず一部を固定しておきましょう」

フライシート一面分を固定。裾をバックルやフックでとめておき、裏側にあるベルクロもとめておく。あとはふたりでフライシートの端を持ってかぶせれば、少しくらい風にあおられてもスムーズにかけられる。

肌寒い時期に大活躍

2ルーム テント

2ROOM TENT

フライシートの前後を間違えないで

基本的な設営のコツはクロスフレームのドームテントと同じ。ただ、サイズが大きいので前後を間違えると大変だ。フライシートもインナーテントもロゴがあるほうが前、サイドを張り出せるようファスナーが2本付いているほうが前側面であることが多い。

コールマン
タフスクリーン2ルームハウス/MDX+
2組のクロスフレームを組み合わせた構造で、ビッグサイズだけれども設営はイージー。ダークルームテクノロジーを搭載しており、真夏の温度上昇を大きく軽減する。インナーテントを取り外してシェルターのようにも使える。

設営のポイント

1 前後を確認し、フライシートを設営する

フライシートの前後を確認し、建てたい場所に広げておく。ポールを一組交差させて立ち上げてから、もう一組のポールを立ち上げる。フライシートの端を軽く踏んでおくと、ポールの端を差し込みやすい。

2 インナーテントを装着する

吊り下げ式のインナーテントは一番高い場所に吊り下げて、順々に下に向かってフックを引っかけていく。前方向が終わったら、後ろ側のフックを同じように上から順番に引っかける。

3 フライとインナー、張り綱をペグで固定する

フライシートとインナーテントをペグダウン。サイズが大きく、風を受けやすいのでていねいに。幅広のテープが付いているものは、テープをポールに巻き付け、結び目のあいだを通してから張り綱を装着。

4 シワがないよう張り上げる

パネルを張り出す場合は、パネルがたるむとそこに雨がたまってしまう。テント中心からまっすぐ張り綱が伸びるイメージで引っ張ると、バランスよくシワも少ない。

手軽でかわいい

ワンポールテント

ONE POLE TENT

まずはフロアをきれいにペグダウン

ポールが1本しかないワンポールテントの設営はとてもシンプル。①フチをすべてペグダウン ②フライシートをかぶせる ③ポールで立ち上げる ④張り綱を張る、という行程だ。①でゆがみなく、美しいフロアにしておくと、美しいテントに仕上がる。

ロゴス
LOGOS ナバホ Tepee 400
大型なのに軽くて扱いやすい定番ワンポールテント。上部のベンチレーター、大型メッシュドアを装備しており真夏も快適だ。かわいいナバホ柄も人気の理由。

設営のポイント

1 インナーテントを広げ、ペグで固定する

前後を確認し、インナーテントを広げる。前の辺をピンと張ってペグダウンしたら、美しい四角を描くように後ろの辺を固定。あとはバランスよくサイドもペグで固定する。

HINT

「張り綱はなるべく遠くまで伸ばすとキレイ」
ワンポールテントの張り綱が短いと、生地が下向きに引っ張られて不格好。なるべく遠くに伸ばすとかっこよくなる。張り綱の長さをそろえるのも美しさの決め手。

2 フライをかけてポールを立ち上げる

インナーテントの上にフライシートを広げる。上部のベンチレーターを広げてから、インナーテントとフライシートの頂上部を重ねて、そこにポールを当てて垂直になるよう立ち上げる。

3 張り綱とフライをペグで固定する

フライシートの裾をペグダウン。その後、張り綱を張っていく。フライシートの縫い目と平行になるよう張り綱を伸ばすとバランスがよく、シワも出にくいので参考に。

テントのたたみ方

テントは正しくたたむことで、きれいな状態を保ち長く使うことができる。大掛かりな作業に見えるが、コツを掴めば簡単。しっかりマスターしよう。

1 ペグを抜き、張り綱をまとめる

ペグを抜いてペグ収納ケースへ。張り綱は取り外して1本ずつまとめる。テントに装着したままでもいいが、その場合もからまないようまとめる。雨に濡れた後は結び目に湿気が残ることがあるので取り外すほうがいい。

2 フライシートをはずす

フライシート裏のベルクロをはずし、フライシートをはずす。出入り口のパネルはファスナーをきっちり閉じる。スタンディングテープ付きの場合は付けたままでいい。

3 テント内のゴミをのぞき、ドアの一部を開けておく

インナーテントのゴミを掃き出す。ベンチレーター、ドアパネルはすべて閉じずに一部分を開いておくと、たたんだときに空気が抜けやすい。

4 インナーテントを整え、中心線に向かってたたむ

インナーテントの上部をジャバラにたたんでフラットに整えたら、左右から中心に向けて折りたたむ。

四角を意識して収納袋の幅までたたむ

テントをきれいにたたんでおけば、次のキャンプをスムーズにはじめられる。

インナーテントは、天井部分をジャバラにたたみ、それ以外の部分はできる限りフラットに。フライシートも天井部分を内側にたたんでぺたんこにしておけば、もたつきなくきれいにたためる。

また、インナーテントとフライシートは、収納袋よりほんの少し狭い幅になるよう調整してたたむ（丸める）ことも撤収のポイントだ。なお、ペグや張り綱など付属品の数を確認することも忘れずに。雨でテントが濡れてしまった場合は、大きいビニール袋などに入れて持ち帰り、自宅のベランダなどで広げて乾かしてから収納袋に入れよう。

5 さらに中心に向かってたたみ、1/4サイズにする

さらに半分にたたむ。このままでは長いので、だいたい半分の長さにたたんでもいい。ポールは中央付近から折りたたんでケースに収納。

6 天井を内側に折り込み、地面に置く

張り綱を取り付けるループを持ち、天井部分を内側に折り込む。地面に広げ、端まできれいに整える。インナーテントの上に広げてもいい。

7 長方形になるよう左右をたたむ

左右に飛び出した三角形部分を内側にたたみ、全体が長方形になるようにたたむ。なるべく扇形にならないように整えておきたい。

8 中心に向かって左右からたたみ1/4の幅に

インナーテント同様、中心に向かって折りたたみ、さらにもう半分にたたむ。これでインナーテントとほぼ同じ幅になる。

9 フライとインナーを重ねて丸める

ポール収納ケースにまとめたポールを芯にして、フライシートとインナーテントを丸めていく。スタンディングテープがある場合は、最後に巻き込む。

10 収納袋に入れる

収納袋をかぶせるようにして中に入れるとバラバラにならない。ペグなど付属品も忘れずにいれておこう。

日差しや雨を遮る快適空間を作る

リビング作りのキホン

設営するのが難しそうなタープも、風が吹いていなければひとりでも簡単に設営できる。張り綱の角度やテンションのかけ方を知れば、どんなタープも応用できるようになる。

コールマン タフワイドドームⅣ／300 ヘキサタープセット（オリーブ／サンド）

視界広々！

タープ

TARP

基本の張り方で シワと力加減を覚えて

オープンタープは一枚のフラットな布から生まれているのでとても軽量で扱いやすい。ただし、タープの場合、シワが生まれるとテント以上に雨や風の影響を受けやすくなる。シワなく、美しく設営しよう。

ファミリーキャンプでもっともスタンダードなのはヘキサ（六角形）タープで、2本のメインポールを使って山型にする張り方。サブポールがあれば、片側を高く持ち上げて開放感と居住性を両立できるので、ぜひ用意しておきたい。

タープは、折り紙のようにいろいろな形に変形できる。シワのない基本の張り方をマスターしたら、アレンジも考えてみよう。

PHOTO/猪俣慎吾　TEXT/大森弘恵　協力/sotosotodays、ヤマケン

設営のポイント

1 設営したい場所にタープを広げる

キャンプサイトを決めたら、タープを建てる場所にタープ本体を広げる。メインポールと使用する張り綱、ペグも、タープに取り付ける場所に置いておくと作業がはかどる。

2 張り綱とポールで三角形を作り、ペグを打つ

タープ稜線からまっすぐ伸びるようにメインポールを置き、その両脇に二又の張り綱を広げる。ポールと各張り綱が描く角度は約30度。ポールの端と同じ位置にペグを打っておく。

3 ポールを立ち上げる

自在金具を調整して張り綱を長めに伸ばし、ポールを1本ずつ立ち上げる。1本を立てたら、タープを引っ張りながら反対方向へ行くと立てたポールが倒れることはない。

4 シワがないよう張り綱をペグで固定

中心から張り綱を伸ばすイメージ

ペグ側から張り綱を見て、張り綱の延長線上にタープの中心があれば正しい角度。ずれているとシワができやすいので調整しよう。

そのほかの張り綱をセット。タープの中心点から張り綱を伸ばすようにし、張り綱の長さをそろえるとシワが出にくい。できたシワは直角方向の張り綱を引っ張ると解消する。

HINT

「マルチに使えるハンマーとペグが重要」

付属のプラスチックペグは硬い地面では歯が立たない。マルチに使えるペグとハンマーは値が張るので予算的に後回しにしがちだが、それだけの価値がある。

5 テントと組み合わせる

自立するテントは、タープを建てた後に入れ込むとバランスよく接続できる。メインポールの脇、タープの横のいずれかに接続するが、これはテントの幅・大きさに合わせて決めよう。

1 前後を確認して シェルターを広げる

シェルターの前後を確認して、設営したい地面に広げる。たいてい前後にパネルを張り出せるが、前方しか張り出せないものは、ファスナーが2本あるほうが前。

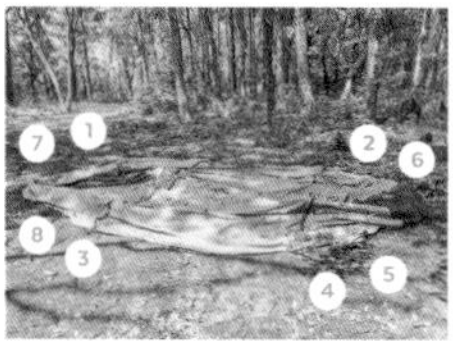

2 前後を確認して シェルターを広げる

シェルターの中央部がきれいな長方形になるように全8カ所を上の写真の数字の順番にペグダウン。大抵のシェルターには設営を補助するテープが付いているので、このテープが直角になっていることを確認。

囲われ感がいい

シェルター

SHELTAR

ogawa ツインクレスタ
Y字ポールを採用することで上部の圧迫感を軽減。片面にサイドウォールを装備しており、西日や雨の降り込みを防いでくれる。別売で二又フレームも用意している。

生地のテンションが張り綱と同じ役割

2本のポールを使って持ち上げるシェルターは、オープンタープを両側直打ちにした状態によく似ている。オープンタープはメインポールと張り綱で三角形を描き、バランスを保っている。一方、シェルターの場合、直打ちしているシェルターのテンションが張り綱と同じ役割をになっている。そのため、リビング部分を長方形に整えたら、全周をまずペグで固定。その後にポールを立ち上げる。

オープンタープとは違い、張り綱がなくても倒れることはないが、天候の急変に備え、より風に強いシェルターとするためにも張り綱を忘れずに。

3 ポールを入れて立ち上げる

設営補助用テープに沿って全周をペグで固定したら、シェルター内にメインポールを入れてまっすぐ立てる。シェルターによっては、設営を補助するテープをゆるめておかないとうまく建てられないものもある。

4 シェルターの左右と張り綱をペグで固定する

設営補助用テープのテンションを調整して生地のたるみをなくす。ファスナーがちゃんとしまるかどうかも確認。最後に張り綱を張り、全体に大きなシワが出ないように調整すれば完成だ。

HINT

「足でペグを支えると自然な角度が作れる」

ペグは地面に対して直角〜シェルターの外側に傾かせると抜けにくい。足をペグの脇（幕側）に置くことで、ペグが幕側に傾くのを予防できる。テントでも同様。

タープのたたみ方

1枚布のタープは、テントやシェルターに比べて収納しやすい。シワがよらないように収納袋の幅に合わせてたたんでいく方法は共通。できるだけ汚れないようにたたんでいこう。

1 ポールを外して半分に折りたたむ

ペグを抜いてポール収納ケースに収納し、張り綱を1本ずつまとめる。タープ本体はメインポールの位置を持ち、半分に折りたたむ。

2 長方形になるようたたむ

タープの両端の飛び出した部分を内側に折りたたみ、長方形を生み出す。地面に置いてもいいけれど、持ったままなら汚れにくい。

3 中心に向けて左右からたたみ1/4幅に

タープの両端を持ったまま、中心線に向かって両端からたたみ、さらに半分に折りたたんで1/4の幅にする。

4 ポールを芯に巻いて収納袋へ

ポールを芯にしてタープを裾に向かって巻く。地面に置く方が巻きやすいが、地面がぬかるんでいる時はクルマの荷室で巻いてもいい。

タープはふたりでたたもう

キャンプサイトの屋根となるタープだから、雨の日も晴れた日も最後に撤収するのが鉄則だ。地面に広げてたたんでもいいが、ぬかるんでいることもあるし、小石が多いところでは破ってしまいそうになる。ふたりで持ち、極力地面に触れないようにたたむと汚れと破れを防げる。

その意味あってる!? 知ったかぶりしていない!?

今さら聞けない あの用語、教えて

カンガルースタイル？

ハブ構造？

完ソロ？

ベテランキャンパーは当然のように使っているけれど、
ぼんやりとしか意味がわからない言葉。
そんな今さら聞けない「あの用語」を集めた。

設営 オガワ張り

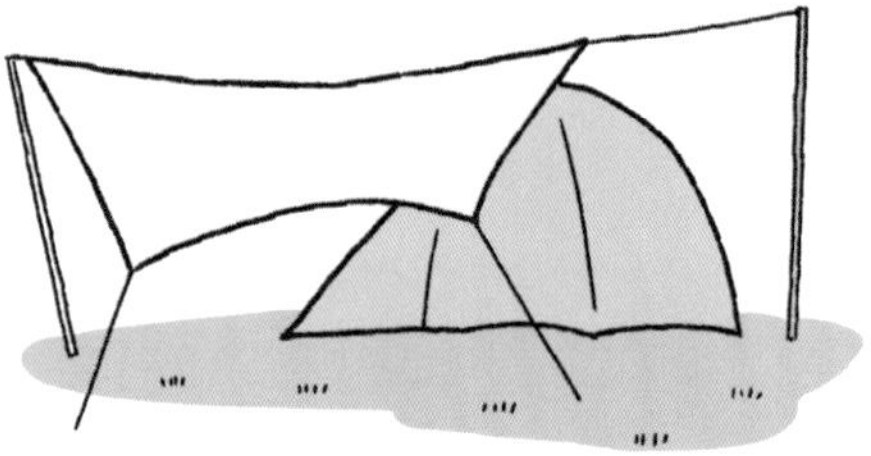

100年の歴史を誇るogawaブランドが考案した「システムタープ」の張り方を「オガワ張り」と言う。本来、オープンタープとテントの出入り口を接続する際、どうしても張り綱とポールが邪魔になってしまう。ogawaはメインポールとタープの間に幅広のテープを設置することで、テントの後ろにメインポールを立てられるようにした。風でタープがあおられやすい面はあるものの、ストレスなくテントとタープを行き来できる発明だ。

設営 ステルス張り

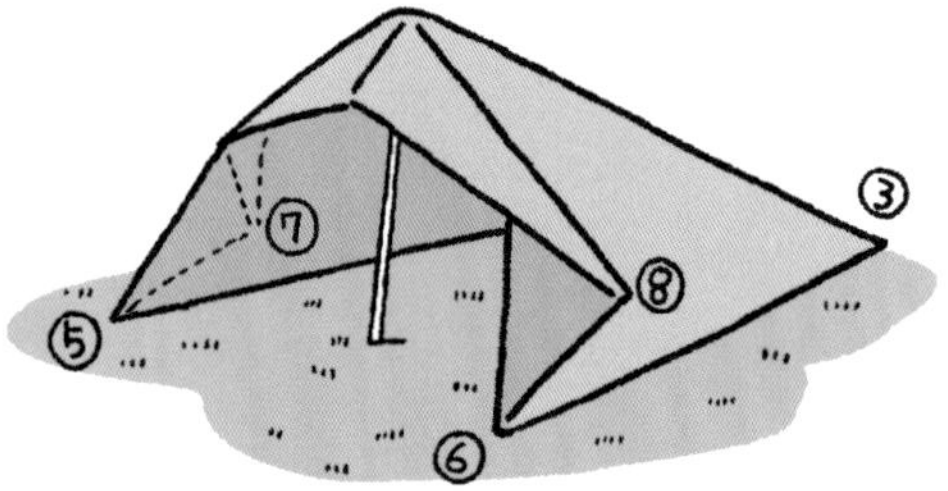

野営好きの間で知られる張り方のひとつで、1m程度の無段階で長さを変えられるポールと正方形のタープで設営。テントのようにフルクローズが可能だ。いろいろな建て方があり、その一例を紹介。まず①②③④を直打ち、角の⑤⑥をそれぞれ内側⑤⑥あたりに仮止め。ポールを立て、あとはバランスよく周囲をとめて⑦⑧とその中間を張り綱で引っ張り、ひさしを作る。奥に短いポールをもう1本追加してもいい。

設営

直打ち

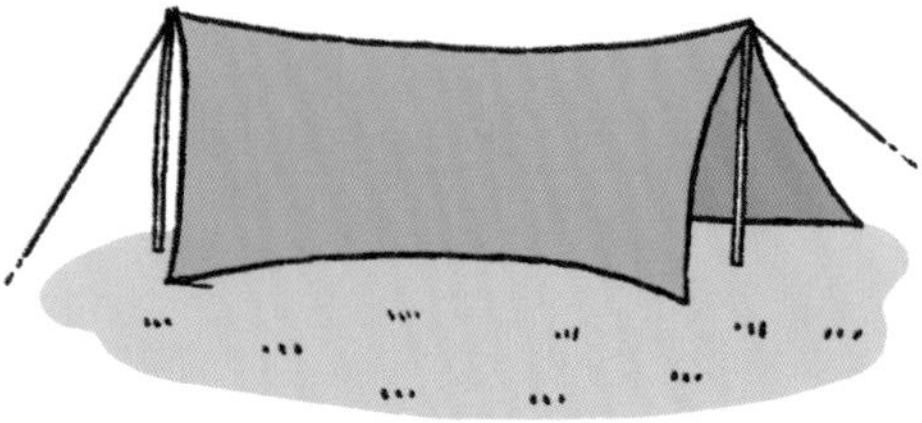

通常、地面に打ったペグは、張り綱を引っかけてテントやタープを固定する。「直打ち」はタープの張り綱を使わず、ポールを短くしてタープのグロメット（鳩目）にペグを通して直接地面にさす方法。張り綱がない分、タープの屋根の角度が鋭角になり、有効面積も小さくなる。メインポールを1本にして、反対側を直打ちするというスタイルは、ソロキャンパーに人気の設営方法。

設営

カンガルースタイル

大きなオープンタープやシェルターの下に、小型のテントをすっぽり入れて過ごすのが「カンガルースタイル」。リビングスペースが狭くなるものの、大型テント+タープやシェルター+インナーテントよりも雨の日の撤収が楽だと話題になっている建て方だ。小型テントのフライシートを使わなくてもいいので、夏は通気性よし。真冬はフライシートを使うことで外にテントを建てるよりも暖かい。

類語

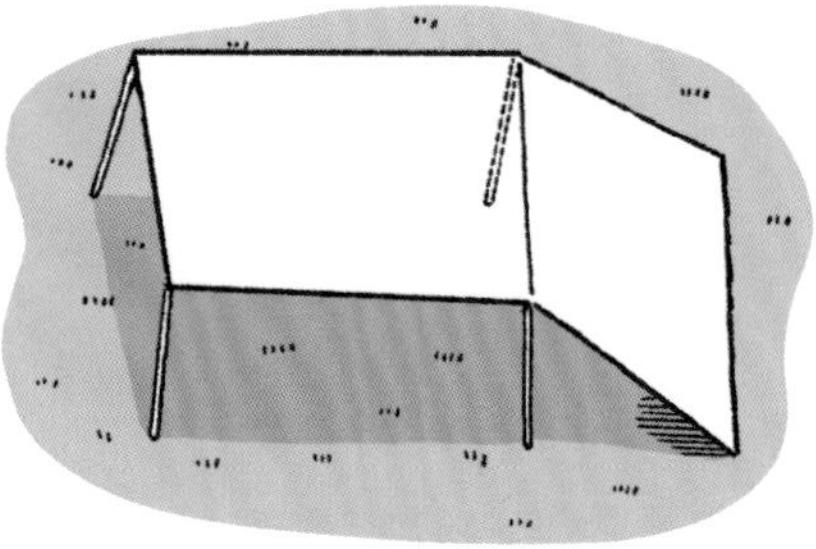

設営

片落とし

ポールの長さはそのまま、タープ片側の張り綱を短くして地面近くまで落とし、反対側をサブポールで張り上げると圧迫感が少なく、面積は小さくなってもゆったり過ごせる。直打ち同様、広い場所を取りにくい林間のフリーサイトや、コンパクトな区画サイトで有効。地面近くまでタープを落とすため、風よけとしてもまずまず使える。

構造

ハブ構造

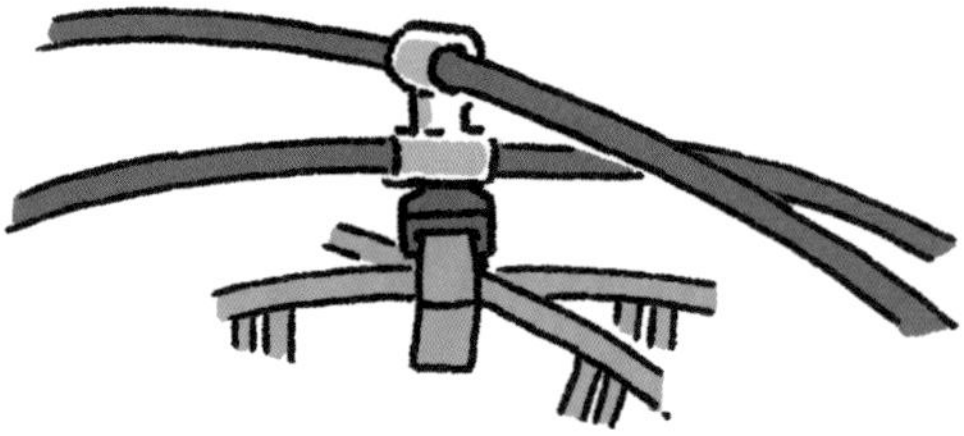

複数のポールを、樹脂や金属製のパーツによってあらかじめ組み合わされているものが「ハブ構造」。複数の微妙に長さの違うポールを使うテントは設営時に混乱しやすいが、ハブ構造であれば間違いを防ぎ、スムーズな設営が可能となる。ポールを二又にして居住空間を広げるなど、テントの可能性を広げるという意味でも有効だ。一方、収納袋に入れにくいものもあり、また、接続パーツが壊れるとやっかい。

素材・色

コッパーとブラス

アンティーク調のカトラリーやランタンの表記に見られる「コッパー」「ブラス」。色または素材を表しており、どちらもレトロな雰囲気を漂わせている。コッパー（カッパーという表記も）＝Copper。銅のことでゴールドよりも赤みが強い。ブラス＝Brass。真ちゅうのことで、銅と亜鉛の合金。腐食によって赤みを帯びると銅（コッパー）と似た色味に。また、真ちゅうと表記していても亜鉛の比率が少ない丹銅の場合があり、これも赤みが強い。

素材

TC、GTX、SUS

製品名に見られるアルファベットは、素材の頭文字などから拾った略字の場合も。TC＝Technical Cotton（テクニカル・コットン）で化繊とコットン（綿）の混紡素材。割合は製品によって異なる。GTX＝GORE-TEX（ゴアテックス）で透湿防水素材の商標名。SUS＝Steel Use Stainless（ステンレス・スチール）はステンレス鋼のこと。アルミニウムはAl、チタンはTi。

単位

QT、in.、ft.

日本とヨーロッパは長さや容積を「メートル法」、アメリカは「ヤード・ポンド法」を採用している。キャンプ道具で長さを示す単位はin.とft.が多く見られる。in.＝inch（インチ）約2.5cm、ft.＝feet（フィート）約30cmで、1ft.は12in.。クーラーボックスで見られる単位はQT。QT＝Quart（クォート）約946mlで、4QTは1ガロン。ちなみに、タンブラーに見られるパイント（pt.）は473mlで、2pt.が1QT。

構造

FD、XP、POP

製品名に特徴的な構造をつけているものは思いのほか多い。FD＝Folding（フォールディング）。折りたたみ式の意味だ。そしてXP＝Cross Pole（クロスポール）。ポールを交差させる構造。Xmasなどと同じでXをクロスと読ませるので、頭文字をとったCPとはならない。POP＝Pop-up（ポップアップ）。簡単に広がるテントやタープに見られるが、デザインを示していることも。

素材

はっ水と防水

もともと水は中心に集まろうとする力がある。また、ハスの葉に乗った水は、葉の表面にある微細な凹凸により水球を作りコロコロ滑り落ちる。「はっ水」は生地表面または糸に加工を施し、ハスの葉のように繊維に微細な凹凸をくっつけて水をはじき落とす。ただし、洗濯をしたり、長く使っていると次第に加工がはがれてしまう。「防水」は水を通さないフィルムを生地と組み合わせて、水を内側に通さないようにした状態。フィルムが劣化しない限り効果は続く。

状態

完ソロ

ソロキャンプ人気の高まりとともによく耳にするようになった「完ソロ」。ソロキャンプに行ったら、その日のキャンプ場には自分ひとりでほかのキャンパーがおらず、完全にひとりぼっちの状態を「完ソロ」と呼ぶ。かつては平日であれば完ソロは難しくなかったが、近年のキャンプブームにより、特に首都圏のキャンパーは完ソロ体験はなかなかできない。

ギア

バースデーランタン

コールマンのガソリンランタンやガソリンバーナーの底には、製造年月が刻印されている。自分の誕生年月と同じランタンが「バースデーランタン」というわけ。赤ランタンとも呼ばれ愛されている丸っこいグローブの赤い200Aが製造されたのは1980年まで。200A以外にもいろいろなモデルがあるので探し出してギフトにすると喜ばれる。あまりに古いものは見つけるのも大変だが、新しいものであれば簡単。子どもや孫と同い年のものを記念に購入してもいい。

特徴を知り、炎を上手に操る。

焚き火台の基礎知識

「キャンプに行くのは、焚き火（またはBBQ）をするため」と公言するキャンパーは少なくない。しかし、焚き火や木炭をちゃんと片付ける人は意外に少ない。基本の使い方、片付け方を身につけてキャンプに行こう。

自由に薪を組める

平型

ディスク状のシンプルな焚き火台。大きな炎がほしいなら高く積み上げ、穏やかな炎を作るなら平行に……、と狙い通りに薪を組めるのが楽しい。焼き網付き。

薪の組み方▶自由！

炎▶よく見えるけれど薪が地面にこぼれることも

燃焼効率▶薪の組み方次第

メンテナンス▶比較的楽

炎の性質を知り理想の焚き火を実践しよう

焚き火人気の高まりとともに、いろいろなデザインとサイズの焚き火台が誕生している。

薪の組み方次第で、炎は大きくも小さくもなる。基本的に、炎は下から上に燃えていく性質がある。つまり、薪を立てるように置けば炎は高く燃え、薪を平らに並べると炎はさほど高くはならない。

一方で、薪が燃えるには空気と一定以上の熱が必要だ。みっちり薪を整列させると空気が通りにくいので炎は大きくならないし、燃えさかる焚き火から一本だけ薪を取り除き、別の焚き火台に置くと、いつの間にか消えていることも。つまり、深型で薪を立てるように置くタイプの焚き火台は大きな炎を愛でたい人向き。

ディスク型焚き火台は薪の組み方に自由度があるので、焚き火を使い分けたい人向きといえる。

焚き火台の設置場所

テントやクルマから離れ、張り綱が多い場所を避ける

湿気た薪や炭は突然爆ぜる。化繊の服やテントに火の粉が付着すると、小さな穴があきかねない。また、焚き火の熱は思いのほか高く上昇するので、木のそばも避けて。人の動きが制限される張り綱、クルマのそばも避けたい。

HINT

「使いたい薪のサイズ 何をしたいかで選ぼう」

まず薪の入手方法を考えれば、必要な焚き火台の大きさがわかる。購入するなら40㎝の薪が乗るサイズ、拾ってくるなら40㎝にこだわる必要はなく、小さくても大丈夫。また、料理をするならゴトク、BBQなら炭おこし機能や焼き網もほしいところ。ダッチオーブンを載せたい。

だれでも簡単に扱える

深型

スタンドと本体を広げ、ロストルとともに組み合わせるだけなので組み立ても片付けも簡単。比較的深めなので薪を適当に入れるだけでもよく燃える。焼き網付き。

薪の組み方 ▶ 入れるだけ

炎 ▶ 見えづらいが薪が地面に落ちにくい

燃焼効率 ▶ だれでも簡単、よく燃える

メンテナンス ▶ パーツが多いと大変

HINT

「太めの薪も、薄くそいでおくと燃えやすい」

太い薪にはなかなか火がつかない。小枝から徐々に太い薪へと火を移していくのがお約束の着火だが、薪の表面を何層も薄く削いでおくと、太い薪でも比較的燃え移りやすい。

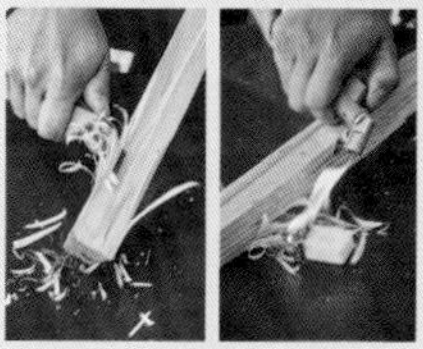

薄く表面をそいだ薪を着火剤に載せると火がつく。湿った薪では厳しいけれど参考に。

着火のポイント

小枝や枯れ草で山を作る

キャンプ場を歩き、小枝や枯れ草など薄くて柔らかく燃えやすいものを拾ってくる。焚き火台に細めの薪を2本置き、間に燃えやすいものを小山にする。ほぐした麻ひもでもいい。

細めの薪を両脇に

フラットな焚き火台は小枝が落ちやすいので、中～細薪で壁を作るように小枝を挟むと、燃えた小枝がこぼれ落ちにくい。脇においた薪を乾かせるというメリットもある。

炭おこしもOK

多機能型

1～2人用の焚き火台であり、小さなグリル、そしてファミリーキャンプ用の炭おこしなど、多機能ぶりが自慢の1台。煙突効果で薪がよく燃える。ゴトク付き。

木炭の置き方▶細長い煙突型なので少人数向き

火力▶焼き面が小さいので火力は均一

燃焼効率▶煙突効果で着火が楽

メンテナンス▶パーツが多いと大変

木炭着火のポイント

1 木炭でヤグラを組む

長さがそろった木炭で着火剤を取り囲む。着火剤に火をつけたら、小さなすき間を作るようにして上にも木炭を載せておく。このまま放置すれば火がつく。

2 チャコールスターターを利用する

木の中には地面から水を吸い上げる管がある。木炭になっても管は残っているので、この管がまっすぐ上を向くように並べると空気が流れやすい。あとは火をつけた着火剤の上にチャコールスターターを載せるだけ。

木炭の火起こしはほったらかして

BBQでもっとも苦労するのが、木炭への着火だ。

木炭は薪よりも着火しづらい。ガストーチの炎を延々あてている人がいるけれど、それよりも最初に焚き火をしてその上に木炭を置くか、煙突効果を利用する火起こし器（チャコールスターター）を使うほうが手っ取り早い。

とはいえ、薪がない、火起こし器がないこともあるだろう。そんなときは木炭で着火剤を高く取り囲む。一度に大量の木炭を着火できないが、しばらく放置すれば着火剤を囲む炭に確実に火がつく。

気をつけたいのは炭の一部がちょっと白くなったとき。安心して炭を散らしてしまうが、まだまだ熱量不足。いじり過ぎないようにガマンして。

焚き火で調理をするときは薪の、炭の場合は炭の表面が白い灰で覆われ、静かに風を送ると赤くなる「熾」になったら火力が安定した合図。調理にかかろう。

調理に特化

BBQグリル

シンプルな箱型BBQグリル。脚を短くすればローチェアで囲むことも可能だ。引き出し式のロストルで炭の継ぎ足しが楽にできる。

木炭の置き方▶必要十分！

火力▶場所によって木炭の量を調整可能

燃焼効率▶木炭を組むなど工夫が必要

メンテナンス▶パーツが多いと大変

木炭・薪の消火

1 ひとつずつ水に浸けて消火

灰になるまで燃やし尽くすのがベストだが、就寝時など早く消したい時がある。そんなときはバケツにたっぷり水をくみ、木炭や薪を1本ずつ浸して消火する。

2 指定の場所に捨てる

表面の火が消えても芯に熱が残っていることがある。薪や炭を細かく割り、芯まで消えていたらキャンプ場の指定の場所に捨てる。灰捨て場がないなら、密閉した缶に入れて持ち帰ろう。サイトに放置はだめ、絶対。

火力調節

木炭の量を変えておく

BBQの火力調節は、焼き網の高さを変えるか、木炭の量を調節するしかない。あらかじめ木炭が多い場所と少ない場所、木炭のない場所を作っておけば、炭や網をいじらなくても気軽に火力調整できる。

ホイルを敷くときは空気孔をふさがない

グリルの底に厚手のアルミホイルを敷くと後片付けが楽だが、その際は空気孔をふさがないように注意。

良質な木炭は火力が強い。さっと焼き色をつけて、下に木炭がないエリアに移動させても、肉の芯までじっくり火が通る。

効率的な調理術を自分のものに

バーナーの基礎知識

バーナーはキャンプの料理をつかさどる重要な道具。2口で大鍋にも対応するツーバーナーと、持ち運びやすいシングルバーナーがあり、基本の使い方はどちらも同じ。

通な気分を味わえる

ガソリンツーバーナー

GASOLINE TWO BURNER

ホワイトガソリンを燃料とする伝統的なツーバーナー。気温が低くくても、同じ燃料で安定した火力が手に入るため、根強いファンに愛されている。ダッチオーブン対応。

使い方

1 フィラーを使って燃料を注ぐ

フィラー（じょうご）をタンクに当て、燃料タンクの7～8分目までいれる。満タンにすると圧力をかけられないので、タンクを傾けて燃料がテラテラ光る様子を確認できればよし。

缶の持ち方に注目

燃料缶の注入口を上にして持ち、ゆっくりタンクの中に注ぐ。注入口を下にすると、燃料が勢いよく飛び出すのでやめよう。

7～8分目までホワイトガソリンを入れる

純正フィラー内に燃料がたまりはじめたら注ぐのをやめる。フィラーを持ち上げると残った燃料がタンクに入り、ちょうどいい量になる。

2 つまみ類を確認してからポンプノブを左に2回転

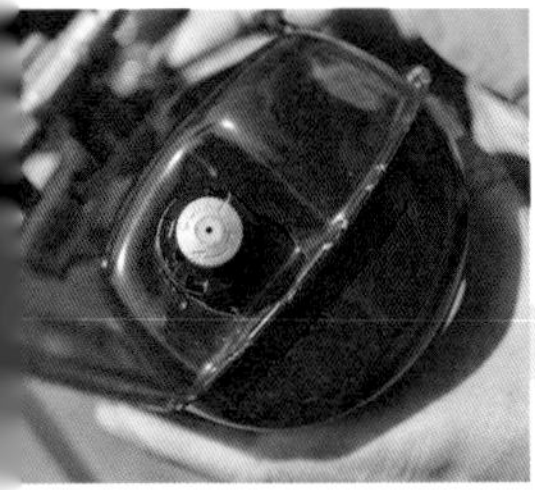

つまみ類がすべて閉じていることを確認したら、ポンプノブをゆるめてポンピングの準備をする。

HINT

「純正燃料であればジェネレーターが詰まる心配はほぼない」

純正燃料は極力不純物を取り除いているので、ジェネレーターが詰まりにくくなっている。割高でもメンテナンスの手間を考慮すると、純正を使うほうがおトク。コールマン製は青く色づけしているので、携行缶に移し替えていてもすぐわかる。

PHOTO ／猪俣慎吾　TEXT ／大森弘恵　協力／ sotosotodays

ツーバーナーとシングルバーナーの2台持ちはいかが

ファミリーキャンプ＝ツーバーナー、トレッキングやカヌーツーリング＝シングルバーナーというイメージがある。しかし、シングルバーナーを併用するファミリーは案外多い。

ツーバーナーは2口で同時に調理できるのが特徴。でも、使うためにいちいちキッチンまで行かなくてはならない。シングルバーナーは手を伸ばしてすぐに引き寄せることができるので、朝一番のコーヒーなど、あまり動かなくてもサッと沸かせるというメリットがある。ツーバーナーを持っていても、シングルバーナーがあると何かと便利というわけ。

気をつけたいのがダッチオーブンでの調理だ。ダッチオーブンやスキレット、鉄板は蓄熱性が高く、燃料缶に熱が伝わる危険がある。ダッチオーブンを載せる前に、手持ちのバーナーが対応することを確認しておこう。

3 硬くなるまで何度も押し込む

いよいよポンピングでタンク内に圧力をかける。ポンプノブの穴を親指で塞ぎながら、ポンプノブを奥まで押し込み、引き抜く。これで1回。硬くなって押しにくくなるまで約100回。

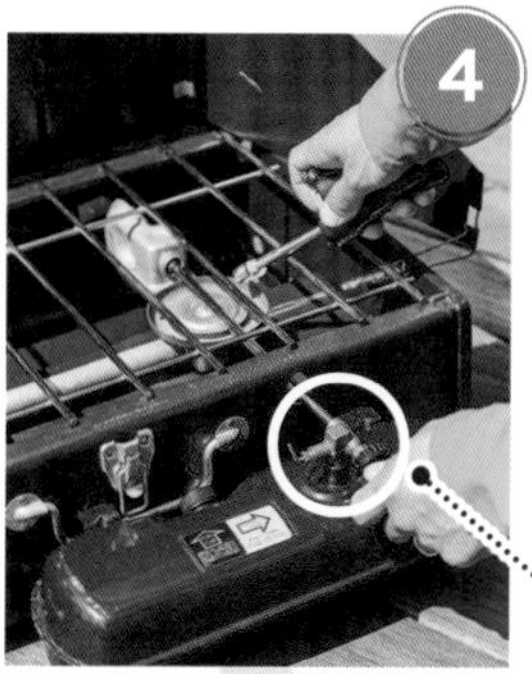

4 点火レバーを上向きにして燃料バルブを開いて着火

ポンピングノブを元の位置にもどし、閉めたら点火レバーを上向きに。自動点火装置はないので、燃料バルブを開いたら、ライターの炎を近づけて点火しよう。

上向き
点火するときは、燃料バルブの脇にある点火レバー（金色の細いレバー）を上向きにしておく。

5 点火直後に追加ポンピング、安定したらレバーを下向きに

点火直後は燃料が噴射され、タンク内の圧力が下がってしまう。炎がついたまま追加でポンピングして圧力をかけよう。青い炎になって安定したら、点火レバーを下向きに戻す。

6 サブバーナーは左側のつまみで操作

左側のサブバーナーは、右側のメインバーナー使用時に利用できる。左側のつまみをゆるめ、ライターの炎を近づければサブバーナーにも点火できる。

扱いやすいのは正義

ガスツーバーナー

GAS TWO BURNER

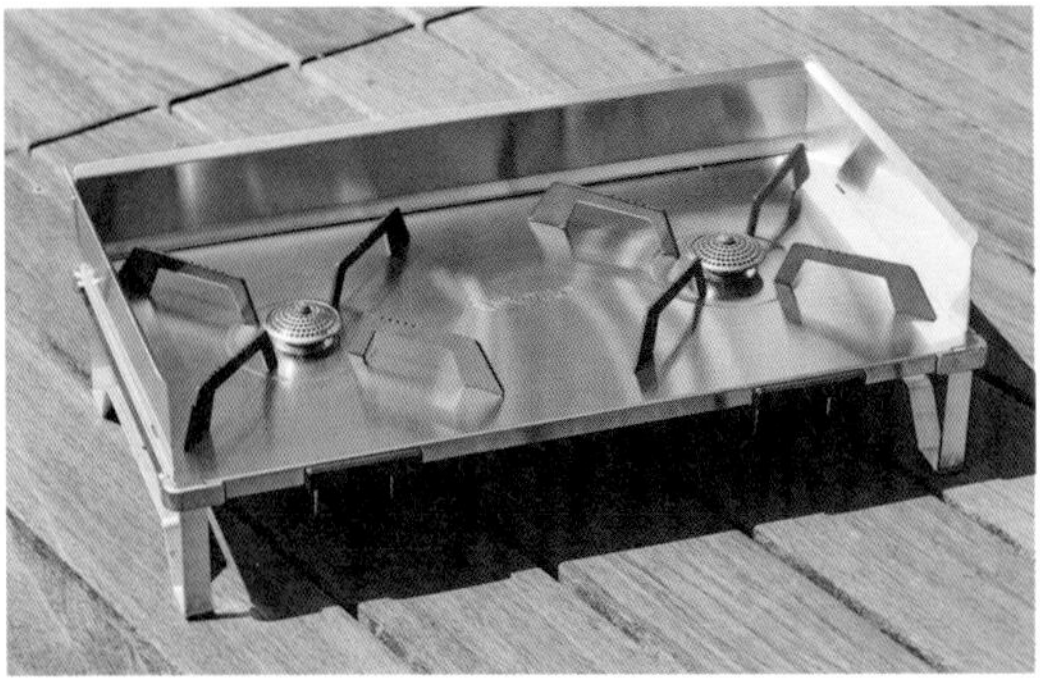

CB缶：いわゆるカセットボンベ。手に入りやすく安価だが、火力や耐寒性はやや劣る。

CB缶タイプ

CB缶を装着するツーバーナーで卓上で利用するためにやや小ぶり。これはロールテーブルに載せても脚が落ちない設計だ。

OD缶タイプ

ポンピングの必要がないガスツーバーナー。自動点火装置付きで使い勝手良好だ。寒い時期は寒冷地用の燃料を使おう。ダッチオーブン使用不可。

OD缶：アウトドアでの使用を目的とし、安定した出力が特徴。専門店で購入可能。

HINT

「燃料はまっすぐ確実に装着」

メーカー純正のOD缶を用意する。燃料を取り付けるネジが真ちゅう製の場合はゆがみやすいので、まっすぐ取り付けよう。

「ゴトクのセットも忘れずに」

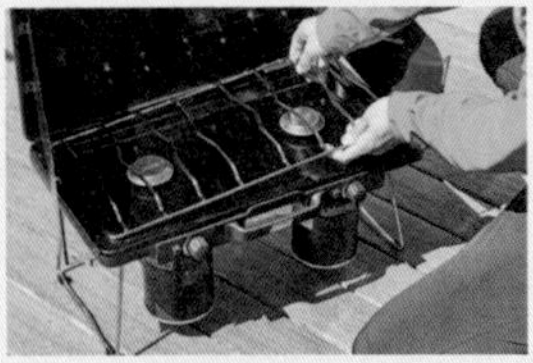

薄型収納のために、ゴトクが裏返しになっていることがある。ゴトクをきちんとセットし、クッカーを受け止められるようにしておこう。

使い方

1 純正の燃料缶を装着する

ハイパワーを得られるメーカー純正のCB缶を取り付ける。メーカーによっては寒冷地用の燃料も用意しているので、寒い時期も安心だ。

2 バルブを開き、点火装置を押す

バルブを開き、自動点火装置を押すだけ。点火直後に青白いパワフルな炎が手に入るので、誰もが安心して使える。

手軽に使える

ガスシングルバーナー

GAS SINGLE BURNER

CB缶タイプ

大型ゴトクで、なおかつ分離型ストーブのため安心して大鍋を載せられる。コストパフォーマンスのいいCB缶仕様。

OD缶タイプ

バーナーの真下にOD缶を取り付ける直結型シングルバーナー。非常に軽く、どこにでも持っていける。4本脚のゴトクだと安定感よし。

テント&タープの外側に置く

火災、やけど、一酸化炭素中毒などの危険があるのでテントやタープ、シェルターの下ではバーナー、ランタンを使わないで。また、張り綱の多い場所も避ける方が安心だ。

HINT

「バーナーは正しく使おう!」

燃料缶から遠ざける!

フレキシブルでしなやかなホースの場合、燃料缶をゴトクに近づけると、燃料に熱が伝わり危険。分離型の燃料缶はなるべく遠くにセット。

消火直後のゴトクは熱い!

どのバーナーにもいえるが、消火直後のゴトクは熱い。触れるのはもちろん、ライターや布製のものを置かないように注意しよう。

指定燃料を使う

形が同じに見えても、口金が微妙に異なっていたり、ガスの成分はメーカーごとに違っていたりするので、必ず指定の燃料を装着する。

使い方

1 メーカー指定の燃料缶を取り付ける

バルブが閉じていることを確認してから燃料を取り付ける。途中で付け替えるとやけどの危険があるので、燃料が十分残っている缶を装着しよう。

2 バルブを開きながら着火

火力調節のバルブを半分くらい開いたら、自動点火装置をオン。このとき、ゴトクの上からのぞき込まないようにしよう。

スタイルに適した灯りを確保

ランタンの基礎知識

キャンプの夜に光を与えてくれるランタン。一番の不安はマントルの空焼き。基本的にどのランタンも同じなので、これさえ覚えておけばどんなランタンも使える!

ガソリンランタンの使い方

1 燃料の準備をしておく

マントルを灰状にすると振動で壊れやすくなるので、最初に燃料の準備を。燃料缶は注ぎ口を上にして、タンク8分目まで燃料を注ごう。

HINT

「共鳴は明るさを変えて抑える」

ノーススターを使用していると甲高い「ボーッ」という音(共鳴音)が響くことがある。これは気温や火力、湿度などさまざまな条件が重なって出る音。火力調節つまみを回し、明るさを変えて音を落ち着かせよう。

雰囲気満点

燃焼系ランタン

LANTERN

コールマン
2500ノーススター LPガスランタン
ビッグサイズのマントルを装着するので、非常にパワフルで広範囲を照らす。マントルは上下をクリップで装着するので結ぶ手間なしで簡単だ。自動点火装置付き。

マントルがあるからこそ光が増す

ガスやホワイトガソリンを使うランタンの大半は、マントルという発光体を灰状にしてマントル内にガスをため、それを燃焼させることでただの炎よりも明るく輝く。発光に必要なものは灰状態のマントルであり、灰状にする「空焼き」とは発光に不要な物質を燃やすというプロセス。

マントルがきれいに丸く灰状になれば効率よく発光し、シワがよると光に偏りが生じてしまう。また、衝撃でマントルが割れても発光はするが、割れた部分からガスが噴き出すので気づかず使い続けるとランタンにダメージを与えることも。マントルの割れに気づいたら、面倒がらずに取り替えよう。

PHOTO／猪俣慎吾　TEXT／大森弘恵　協力／sotosotodays

2 ガソリンランタンはポンピング

ガソリンツーバーナーと同じ要領で、ノブの穴を押さえながら奥までしっかり押し込む。ノブが硬くて動かせなくなるまでポンピングを繰り返す。

3 マントルを取り付ける

純正のマントルを用意。ひもをパイプの溝に沿わせて結ぶ。余ったひもはハサミで短く切っておこう。緑のラインを参考に水平を確認し、マントルが斜めに取り付けられていたり、ねじれていたら修正。

4 ライターの炎を近づける

風が吹いていないことを確認したら、マッチやライター（できればターボではないもの）の火をマントルの下に近づけ、全体が白くなるまで燃やす。手前側だけでなく、裏側もまんべんなく燃やす。

5 灰になったら燃料バルブを開ける

マントルの上まで白くなったら、最後に燃料バルブを開く。燃料バルブを開くことでマントル内にガスが入り、マントルがきれいに丸くなって壊れにくくなる。

6 グローブを取り付ける

一度発光させたら、グローブを取り付けて準備完了。ワンマントルランタンは自動点火装置がないので、下部の穴からライターを差し込み、火をつけてから燃料バルブを開ける。

コールマン ワンマントルランタン
グローブが円柱状になっているが、紛れもなく赤ランタン、200Aの系譜を継ぐガソリンランタン。歴史あるあたたかな光に魅了される。

オイルランタンの使い方

芯を伸ばして火を近づける

オイルランタンはマントルの代わりにウィック（芯）に火をつける。右側のレバーを回してウィックを出し、左のレバーを押し下げてグローブを持ち上げ、すき間から火をつける。

ほしいときにすぐ使える

バッテリーランタン

BATTERY LANTERN

テント内の明かりに

燃焼系ランタンとは異なり、LEDランタンはテントやタープ内でも使える。テント内に吊す場合は、重さにも注意したい。

コールマン
バッテリーガードランタン／1000
使っていないときの過放電を防ぎ、電池を長持ちさせるバッテリーガード機能を搭載。ウォームカラーの光で卓上やテント内をあたたかく照らしてくれる。防水性能IPX4対応。

ひとりにひとつのシンプルな明かり

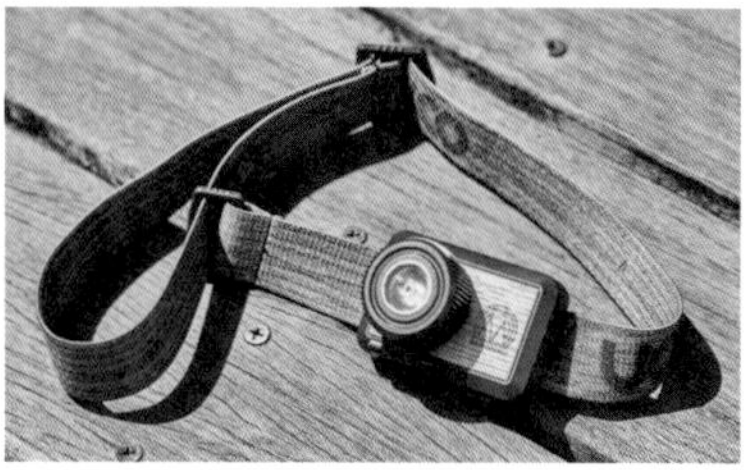

登山だけでなく、キャンプでもひとつはほしい自分だけの光。軽くて明るいヘッドランプは、子どもに与える初めてのキャンプギアにも最適だ。デザイン性にすぐれ、軽いものを選びたい。

UCO ベータ
木肌みたいな模様のかわいいベルトが付いたヘッドランプ。本体もまるで木製で焼き印をつけたみたい。肌触りがよく、ベルトがずれにくいのも特徴だ。最大200ルーメン。

ポーチライトとして

テントの出入り口に吊り下げておけば、夜中でも脱ぎ散らかした子どもの靴を探しやすい。吊しておいたライトをそのまま持って出かけられるのもメリットだ。

編集部私物LEDライト
背面にマグネットが装着されているので、生地を挟めばランタンハンガーのないテントやタープにも取り付けられる。クルマのボンネットや金属製クーラーボックスにもくっつけられるが、クルマやクーラーに傷がつくことも。注意しよう。

キャンプの前に電池残量を確認

かつてはサブの光源的な扱いだったLEDランタンも、今ではメインを張れるほど大光量のタイプが続々と登場。やけどの不安がなく、室内での使用に適しているため、小さな子どもがいるファミリーに人気だ。

ただし燃焼系とは異なり、LEDランタンは電池残量を確認しづらいのが難点。キャンプに行くときは予備乾電池を用意し、充電タイプは満充電にしておきたい。モバイルバッテリーも活用しよう。

光の色を選べる場合は、昼白色や暖色で温かみを演出。蒸し暑い夜は白い光にすれば涼しげになる。

HINT

「電池の種類を確認しよう」

キャンプ用LEDランタンの電池は、乾電池、ボタン電池、USB充電、ソーラー充電など様々。事前に電池の種類を確認し、できれば予備も用意。とくにボタン電池は欲しいサイズがコンビニに置いていない場合もあるので注意。

軽くて手に入れやすい単四乾電池

ヘッドライトなど、コンパクトなLEDライトは単三、単四乾電池を使うものが多い。コンビニやキャンプ場売店で手に入れやすいのがうれしい。

手軽なUSB充電

ケーブルがあれば、モバイルバッテリーから手軽に充電できるので安心。

パワフルな単一乾電池

大型で大光量のLEDランタンはパワフルな単一乾電池を使用していることが多い。

虫を寄せつけない明かり術

大光量ランタンに虫をおびき寄せる

明るいランタンをリビングの少し外に設置して虫をおびき寄せ、テーブルには少し暗めのランタンをセット。これだけでリビングには虫が寄りにくい。また、LEDの光には虫が寄りにくいので、LEDランタンと併用してもいい。

光の遮断&蚊取りマット

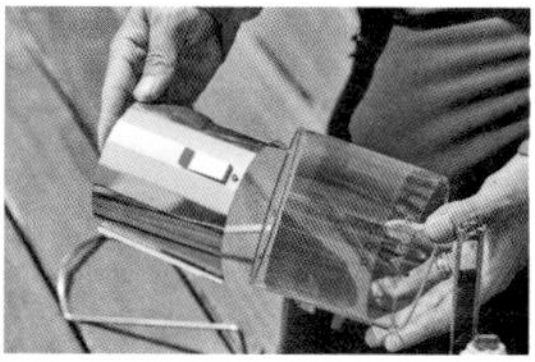

虫が生息する森側の光を遮断する蚊トリフレクター。さらに蚊取りマットを装着すれば、リフレクターの熱を利用して蚊とり効果がアップ。

虫が反応しづらいオレンジ色の光

虫は波長の短い白や黄色の光に反応し、波長が長いオレンジ色の光を感じにくい。この性質を利用してグローブで光の色を変え、虫を寄せ付けない。

虫が無視する光

光には虫が集まってきやすい。光量の差を利用したり、虫が感知できない波長の光（LEDやオレンジ色の光）を利用したりして、リビングに虫を寄せ付けないようにしよう。

SOTO 虫の寄りにくいランタン

虫が感知しにくいオレンジの光を採用。付属の蚊トリフレクターに蚊取りマットを取り付ければ、積極的に虫を防ぐこともできる。

安眠を実現する重要アイテム

スリーピングギアの基礎知識

寝袋とマット&コットは、キャンプ場で一日中遊んで疲れた体を癒やすという大切な役割をもっている。その基本的な選び方と使い方をいま一度おさらいしよう。

種類は多種多彩

寝袋

SLEEPING BAG

素材で選ぶ

保湿力と軽さが自慢

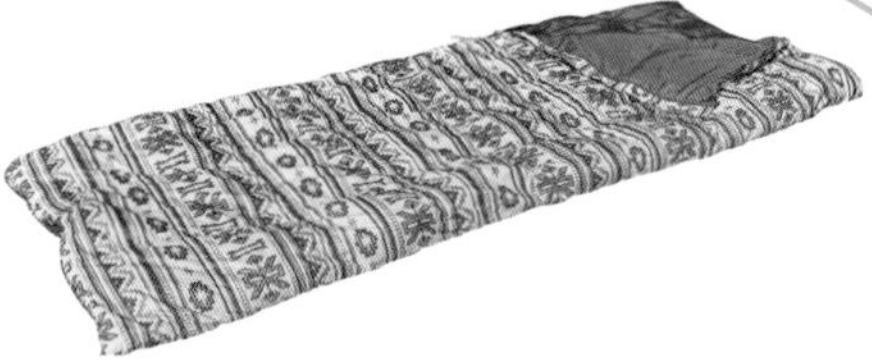

ダウン寝袋

コンパクト収納	圧縮しても復元!
速乾性	濡れると乾きにくく保温力が低下
軽さ	圧倒的に軽い!
メンテナンス	ダウンの偏りに注意

モンベル
ダウンファミリーバッグ#3
封筒型には珍しいダウン入り。軽量、コンパクト収納を実現した。ファスナーを広げてダウンブランケットとしても大活躍。

素材で選ぶ

手入れが楽

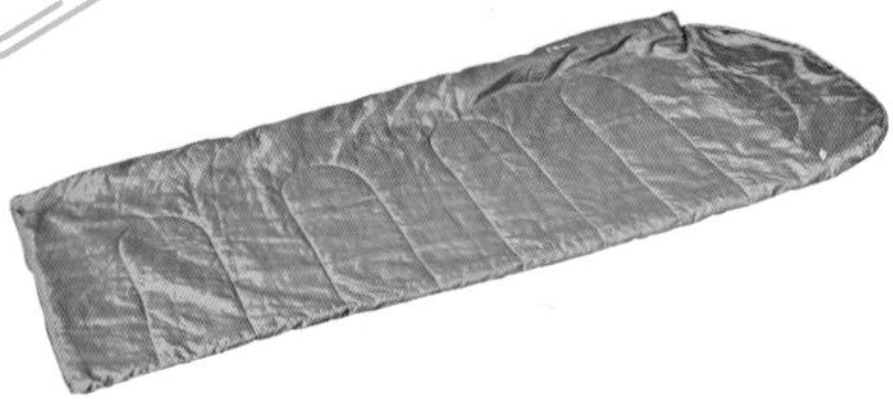

化繊

コンパクト収納	ダウンほどではないが小さく収納
速乾性	少しばかり濡れても保温力あり
軽さ	まずまず軽い
メンテナンス	簡単!

モンベル
ホローバッグ#3
封筒型のゆったり感にフードをプラスし、マミー型のような暖かさ。中空ポリエステル綿を採用し、家庭での洗濯も楽々。

中綿と形状の特徴をよく知ろう

封筒型は布団のように使えるのでキャンプに最適。収納サイズが大きいけれどコストパフォーマンスは良好だ。一方のマミー型は保温力抜群。キャンプに慣れていない人は窮屈に思うかも知れないが、なかには大きく伸縮して窮屈に感じないものもある。

中綿は化繊とダウンがあり、その量によって対応する気温が異なる。

ダウンは小さな綿量でも保温力が高く、冬用でもコンパクト性に優れている。ただし濡れに弱いので、雨や結露での濡れを防ぐシュラフカバーを併用するなど工夫が必要。一方、化繊はかさばり、秋冬用はとても大きい。けれども速乾性があり、濡れても保温力を維持する頼もしさがある。

PHOTO／猪俣慎吾　TEXT／大森弘恵　協力／モンベル、sotosotodays

HINT

真夏でも軽いダウンウエアを用意しよう

暖かさへの感覚は人それぞれ。冷えが心配なら夏でもインナーシーツやダウンウエアを用意しよう。足下に余裕があると寒く感じるので、内側にたぐり寄せれば中綿密度が増える。ダウンウエアを詰めてもいい。

「ファスナーをつなげてダブルサイズに」

L字型のファスナーを開いて大きく広げられる封筒型。同一モデルならファスナーでつなげて倍の大きさになるので、親子3〜4名が潜り込むこともできる。

「アクティビティにも使うならマミー型」

保温性を確保しつつ、軽量・コンパクト収納を実現するマミー型は、キャンプはもちろん、持ち運ぶ道具に限りがある登山、キャンプツーリングなどさまざまなアクティビティに対応。

形状で選ぶ

コスパ良好

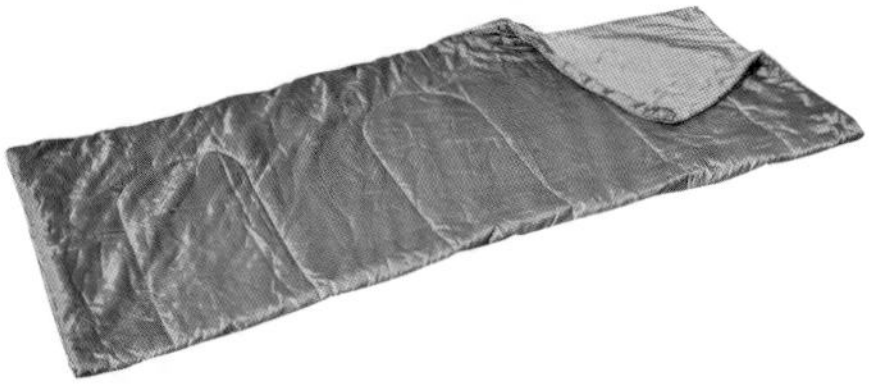

封筒型

保温性	首元から冷たい空気が入りやすい
収納性	大きくて収納性は今ひとつ
体の自由度	布団とほぼ同じで寝返りも楽
汎用性	ふたつの寝袋を接続OK

モンベル
ファミリーバッグ#3

シンプルな封筒型で布団ライクに使用可能。L字型のファスナーを開くと1枚の大きなシート状になるので使い方いろいろ!

形状で選ぶ

体にフィットして暖かい

マミー型

保温性	頭から足先まで暖かい
収納性	小さくなって持ち運びやすい
体の自由度	窮屈に感じるモノも
汎用性	とくになし

モンベル
ダウンハガー #3

頭や肩にすき間が生まれず、暖かい空気を捉えて放さない。独自のストレッチシステムを搭載し、体の動きを妨げず圧迫感なし。

寝袋のたたみ方

化繊は端から丸める

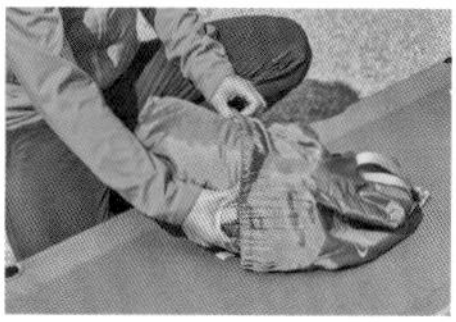

化繊の中綿はシート状になっているので、縦半分にたたんだら、端からくるくる丸めて収納袋に入れると、中綿が切れずに長く使える。

ダウンは押し込む

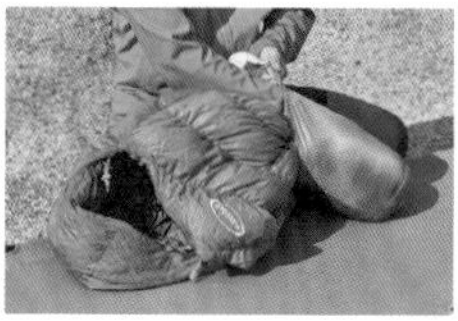

ダウン中綿は丸めずに、寝袋の足下から収納袋に突っ込んでいく。手でひねるように突っ込むと、すき間なくコンパクトにまとまる。

膨張式マット

好みの硬さに調整できる

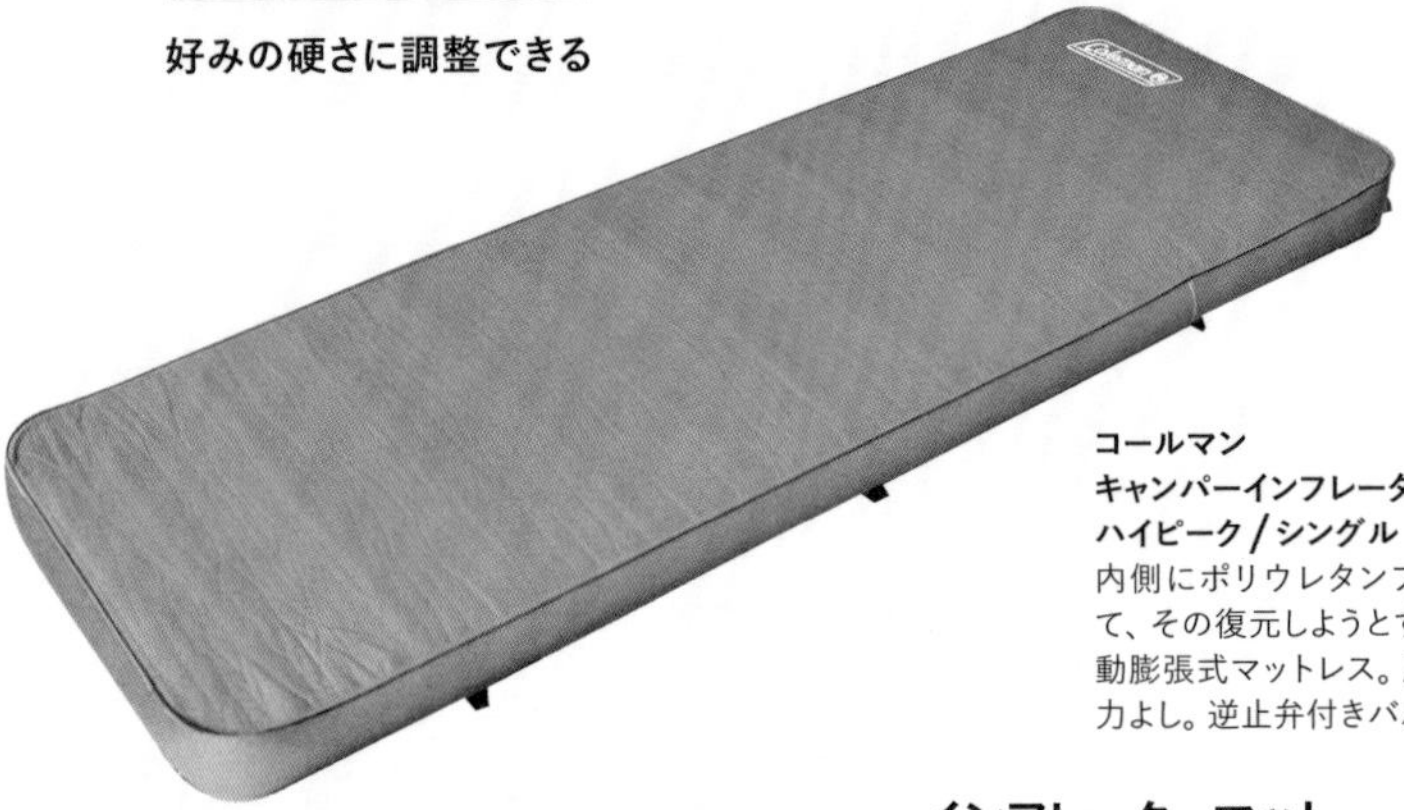

コールマン
キャンパーインフレーターマット
ハイピーク/シングル
内側にポリウレタンフォームが入っていて、その復元しようとする力を利用する自動膨張式マットレス。厚さは10cmで保温力よし。逆止弁付きバルブも扱いやすい。

インフレーターマット

収納性	かさばるけれども案外軽い
断熱性	地面の冷えを感じにくい
トラブル	破れると使えない
寝心地	空気の入れ方で変化

準備は空気を入れて

インフレーターマットやエアーマットは空気を注入しないと眠れない。ポンプ付きの収納袋があれば、息を吹き入れなくても楽に空気が入る。空気の量によって寝心地を調整しよう。

たたみ方は膝を使って巻く

バルブを開け、端から握るように小さく巻き、手で握れなくなったら膝で押さえて巻き進む。最後まで巻いたらバルブを閉め、もう一度最初から空気を押し出しつつ巻くと、よりコンパクトにまとまる。

マット、コットこそが重要

どんなに中綿がたっぷりで分厚く、保温力の高い寝袋であっても、背中は体重で中綿が潰れてしまう。これでは体温がどんどん逃げてしまう。寝袋を重視しがちだが、暖かく眠るためにはマットこそが快眠に欠かせないアイテムだ。

基本は、テントのフロアを敷き詰めるテントマット、その上にひとり用のスリーピングマットを人数分敷くダブル使い。寒い時期はマットをさらに重ねるか、コットと併用すれば保温性が高まる。

ハイタイプのコットは寝心地がよく下に荷物を収納できるので、小物の多い家族キャンプでもテント内がスッキリしておすすめ。

組み立て式コット

冷えも暑さも気にならない

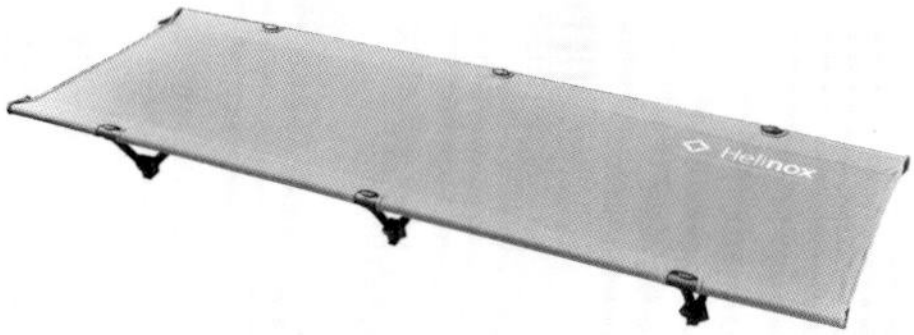

コット

コンパクト収納	マットよりはかさばる
断熱性	マットと組み合わせれば最高!
トラブル	耐久性は高い
寝心地	少し硬め

ヘリノックス
コットワン　コンバーチブル
「組み立てには力が必要」というコットの常識を覆した画期的なフレーム構造。ローコットなので小さめのテントにも無理なく入る。別売で高さを変えるコットレッグも。

準備はフレームの組み立て

生地にフレームを通して、脚を取り付ける。コットワンは脚の向きに気をつけ、最初に中央の脚を取り付けるとバランスがいい。レバーを押し込むだけでよく、力の弱い人も組み立て・撤収が簡単。

折りたたみ式マット

まさにシンプル!

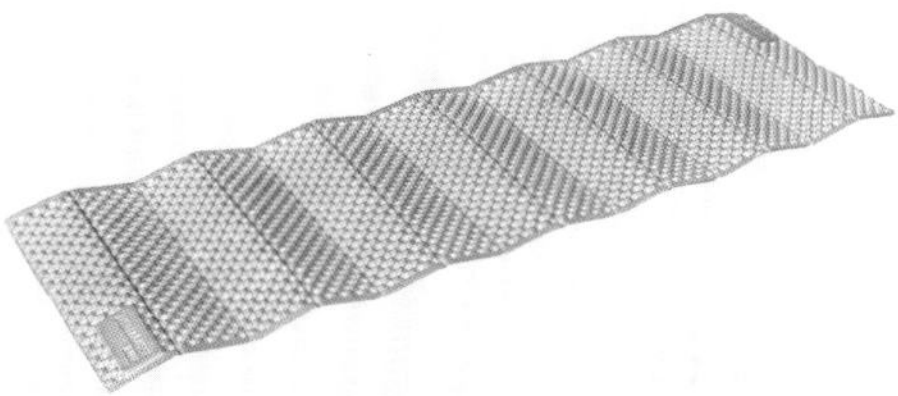

クローズドセルマットレス

収納性	あまり小さくならない
断熱性	厚いほど断熱性あり
トラブル	破れてもなんとか使える
寝心地	デコボコ付きは柔らかい

サーマレスト
Zライトソル　レギュラー
広げるだけですぐに使えるクローズドセルマットレスの超定番モデル。決して厚手ではないが、アルミ蒸着で薄くても体温を反射して暖かい。点で支えるので柔らかめの寝心地。

細かなテクは不要

使うときに広げるだけ、収納はたたむだけ。少しくらい破れたとしても眠ることはできるので、登山中に地面に敷いても大丈夫。

HINT

「寝心地を決めるのはマット」

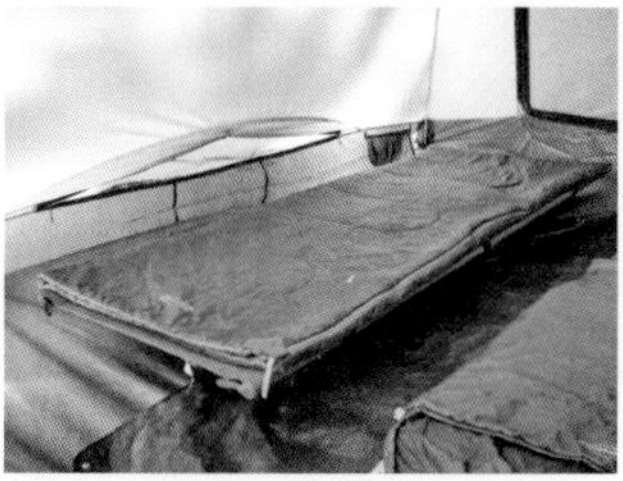

マットで地面からの冷気を遮断しないと、せっかくの体熱がどんどん奪われ、冷えてしまう。寝袋の機能を存分に発揮するためにも、スリーピングマットを使うようにしよう。

これだけやっておけばギアの命が伸びる!

ギアメンテナンスの基礎知識

いくらタフで長く使えるキャンプ道具であっても寿命がある。使った後の手入れ次第で寿命は変わる。できるだけ長く道具本来の機能を発揮するためにも、帰宅後にひと手間かけておこう。

道具お手入れの基本

CARE 1

テントはフロアも乾燥させる

乾いているように見えても、地面にはわずかに水分が含まれている。そのため一晩たてば、テントのフロア裏はしっとり濡れている。フライシートの裏側にも、呼気と地面の湿気の影響で水滴がびっしり付着するので、よく乾かしてから片付けよう。

キャンプ後毎回

風に飛ばされないよう注意して

ペグを抜いてテントをひっくり返すとフロアを乾かしやすいが、半面、風で飛ばされてしまう危険がある。2カ所ほどペグで仮止めして飛ばないようにしておくと安心だ。

メンテナンスの基本は乾燥と汚れ落とし!

テントも寝袋もファニチャーも、メンテナンスの基本はシンプルで「汚れを落とす」「よく乾かす」の2点のみ。日本は湿気が多いので、濡れたまま収納するとカビが発生しやすく、また、長く放置すると加水分解により劣化が進む。よく干して、湿気の少ない場所に収納しよう。

とはいえ雨キャンプの後も雨が続くと、干すこともままならない。そんなときはせめて水分を拭き取っておこう。

また、軽さと強度を両立させるテクニカルな素材を使った素材が多く、これらは紫外線によって劣化が進みやすい。よく乾燥させることは大切だが、干すときは直射日光が当たらない場所に広げたい。

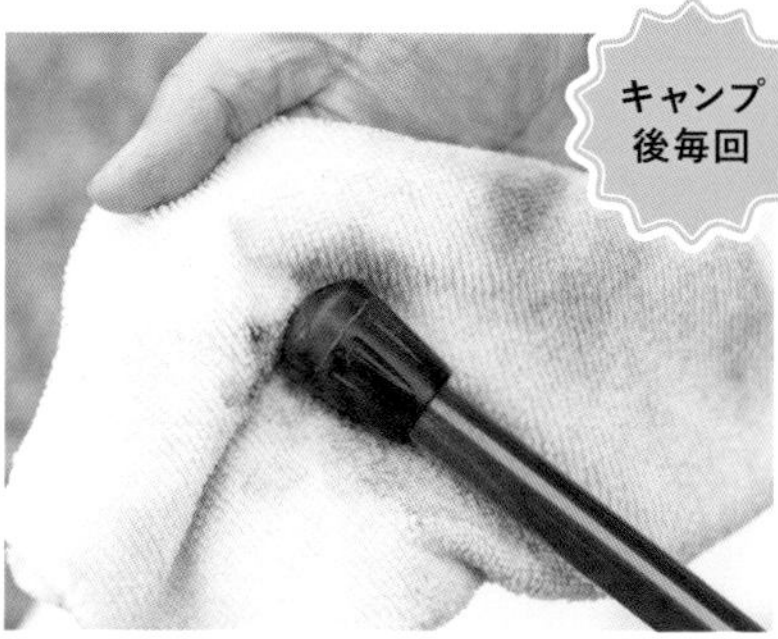

CARE 3

汚れを落としてから拭く

キャンプの後は泥やほこりがたまりがちなので、かたく絞ったぞうきんで拭き取る。ひどい汚れは薄めた洗剤を使うのも効果的だ。あとは乾いた布で水気を拭き取り、乾燥させてから収納して。

CARE 2

紫外線を避けて陰干しを

アウトドアで使うキャンプ用の道具であっても、紫外線は繊維を傷める原因。使ったあとはしっかり乾燥させたいが、日なたではなく陰干しのほうがダメージは少ない。乾燥機の使用は、生地の素材によるので説明書を確認しよう。

HINT

余裕があれば！

テント＆タープの汚れ落とし＋はっ水剤の塗布

テント、タープ、防水バッグなどは何度も使っているとはっ水効果が薄れてくるので、定期的にはっ水剤をかけておこう。自宅でメンテナンスするなら、専用の洗剤で汚れを落としてからはっ水剤をかけると効果大。

専用洗剤で汚れを落とす

テントやタープの素材を確認し、専用の洗剤を薄めて汚れを落とす。洗剤を使うので、洗う場所には十分配慮して。

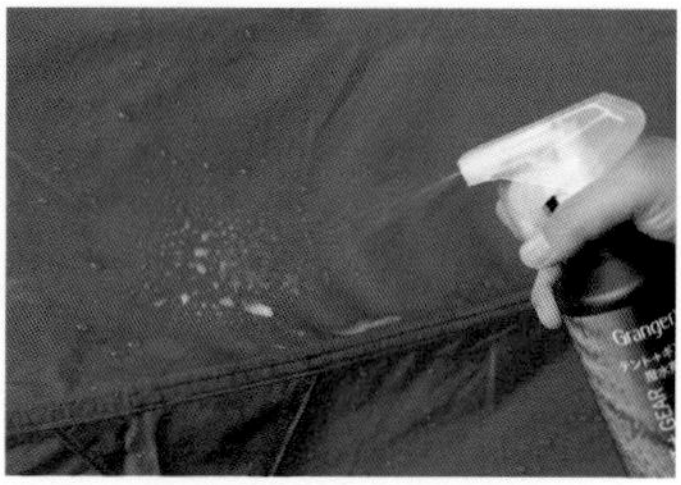

専用はっ水剤を吹き付ける

素材にあったはっ水剤を吹き付けることも重要だ。コットン製テントにはコットン用はっ水剤、化繊テントには化繊用はっ水剤を使おう。

テント&タープのお手入れ

撤収のついでにメンテナンス

キャンプ道具の中でももっともビッグなテントとタープ。自宅で広げるのはかなり大変なので、できる限りキャンプ場での撤収時に手入れをしながら収納袋に詰めたいもの。ペグの曲がり修正、オイルアップなどはさほど時間がかからないし、はっ水剤を吹き付けるのもすぐに終わる。次に使用することを考えながら撤収しよう。

キャンプ後毎回

CARE 4

ポールやフレームの泥詰まりを取り除く

地面に置いた拍子に、ポールの中に泥が詰まってしまうことがある。乾いた泥は、ポールを軽く振るだけでぽろっと落ちる。湿った泥は掻き出して。接続部の汚れはきれいに拭き取っておこう。

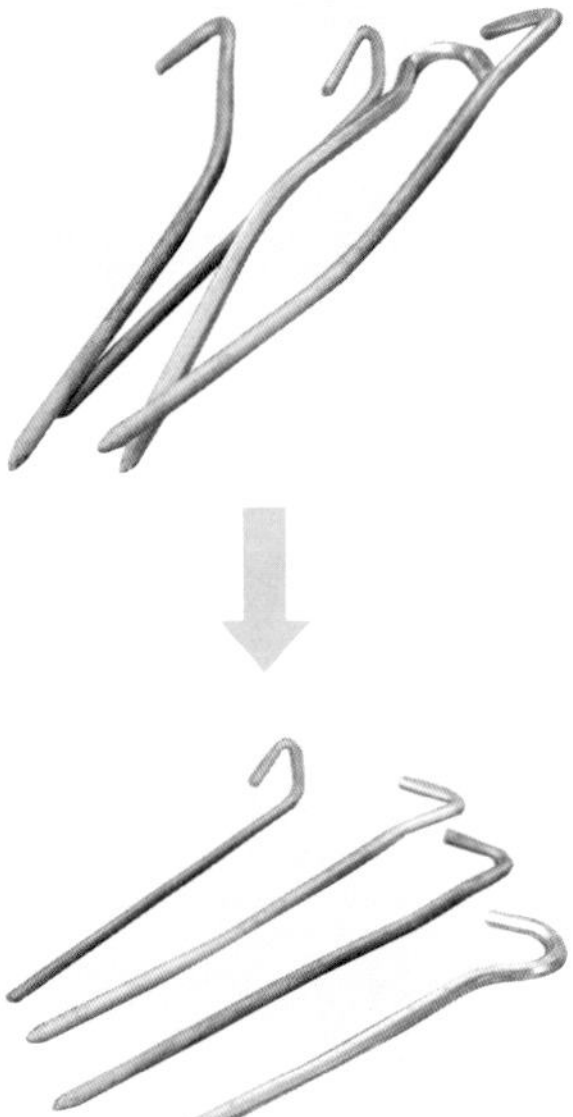

一度曲がったものは強度が落ち、曲がりやすくなるので注意。なお、T型やX型のペグは修復できない。

気づいたら

CARE 5

金属ペグの曲がりを修正

硬い地面に力づくでペグを打つとペグがぐんにゃり。プラスチック製では無理だが、アルミ、鉄、ステンレスのペグは少しの曲がりであれば修正可能。平らな石に載せてハンマーでたたけば復活する。

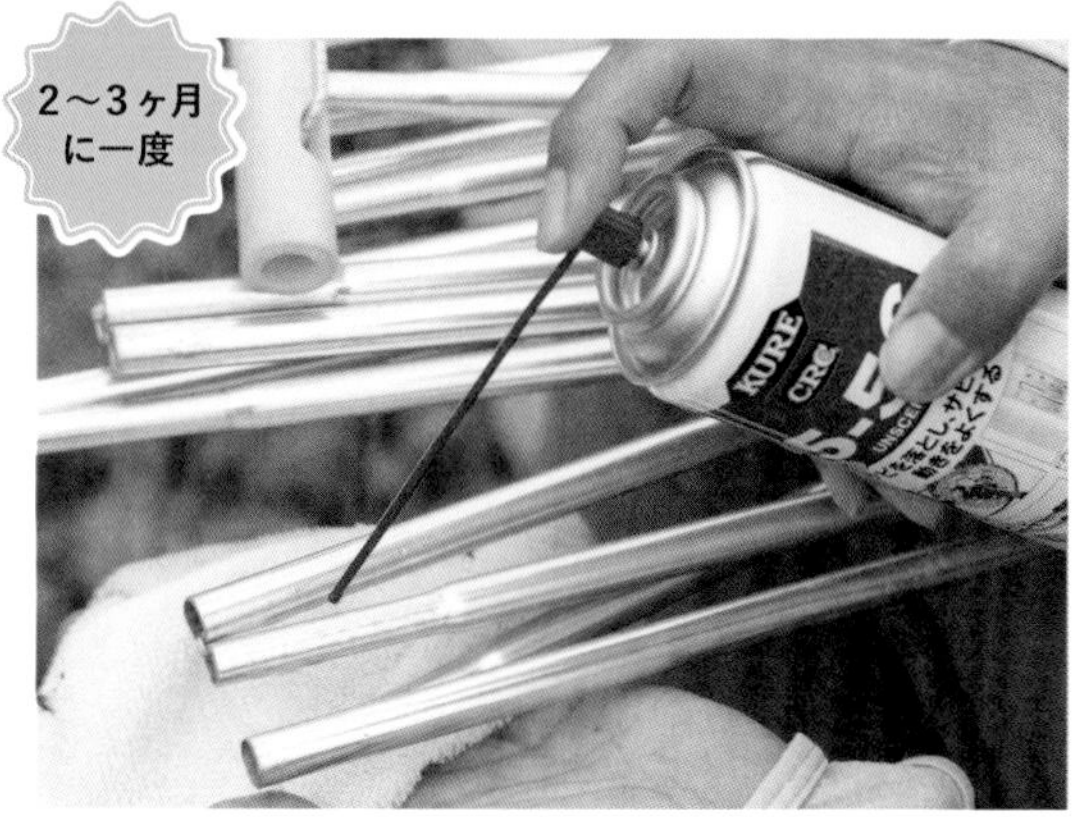

CARE 6
接続部をオイルアップ

ポールの接続がきっちりできないと、破損の原因になりかねない。ポールの汚れを落としたら、確実に奥まで接続できるよう潤滑油を塗布しておく。余分な油は拭き取っておくこともお約束だ。

CARE 8
ファスナー部分に潤滑油を塗布

テントの出入り口にあるファスナーの動きが悪いと、それだけでストレスになる。生地やメッシュをかむ原因にもなりかねない。定期的に専用の潤滑油を塗っておこう。固形のろうそくを薄く塗っても同様の効果あり。

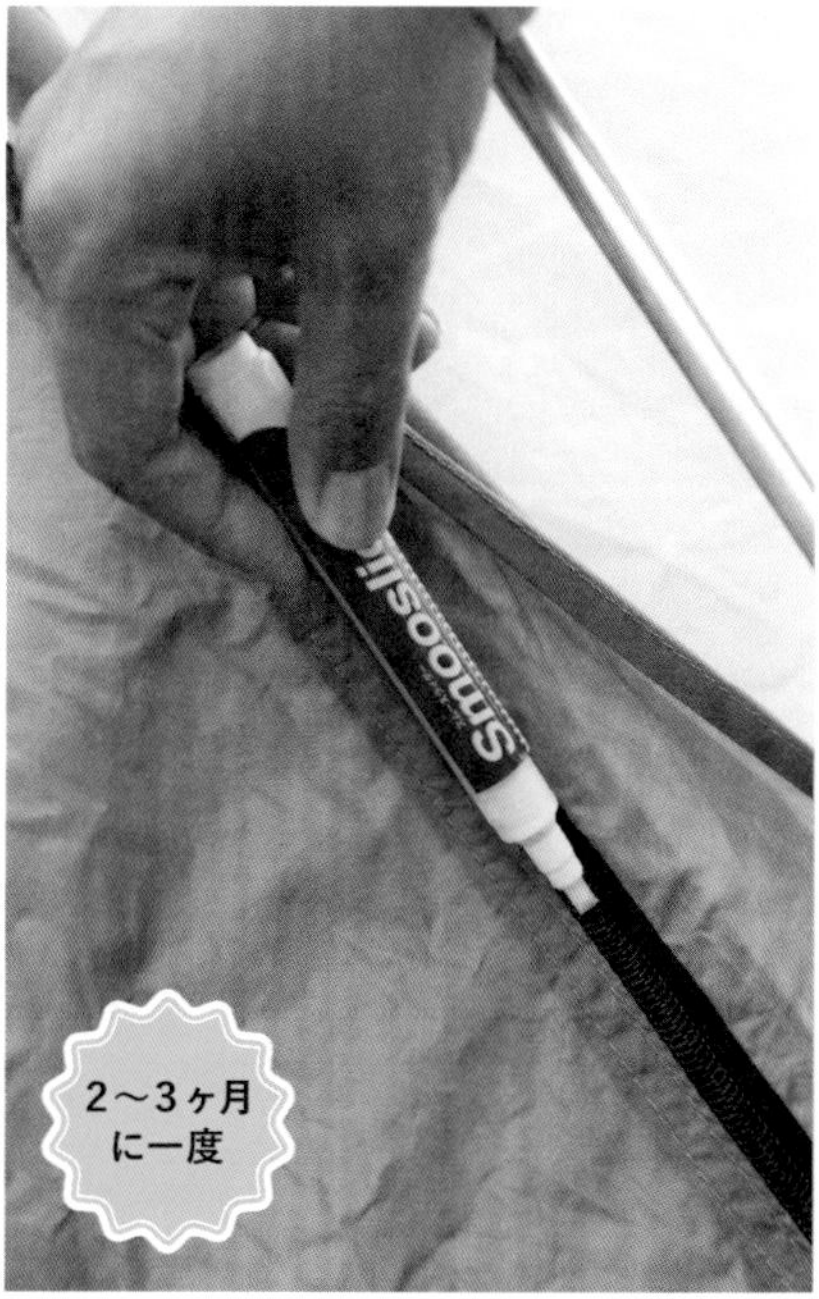

手のひらを使い、八の字を描くようにまとめれば、次に使うときにからまりにくい。

CARE 7
ロープはからまないように
1本ずつまとめる

張り綱や予備ロープは、1本ずつまとめておくとテント設営時にイラッとしない。ほつれや自在金具の割れに気づいたら取り替えて。テントやタープに結んだままでもいいが、そのときも1本ずつ結んでおこう。

バーナー&ランタンのお手入れ

汚れをしっかり落として Oリングも確認

ガスバーナーとガスランタンは、ほぼメンテナンスフリー。油汚れやゴミを拭く程度で大丈夫だ。ただし、メンテナンスフリーではあるが、ガスカートリッジの接続部にあるOリングはいつの間にか劣化しているので、気づいたら交換を。そのほかの不具合に気づいたら自分で修理しようとせず、メーカーに連絡しよう。

ガソリンを用いるバーナーとランタンは、不純物の少ない純正ホワイトガソリンを使い、定期的にリュブリカントを差しておくだけでトラブルを防げる。とはいえいずれジェネレーターやポンプカップの交換時期はやってくる。自分で分解、交換できるのでやってみよう。

CARE 9

薄めた洗剤で油汚れを拭き取る

バーナーで調理すると、風防には油はね、汁受けには細かな野菜くずが付着しているもの。水拭き(ひどい汚れは薄めた洗剤で拭き取ってきれいに)し、から拭きをして清潔をキープ。

CARE 10

ゴトクの錆びは真ちゅうブラシで

ゴトクの錆び、汚れに気づいたら、柔らかな真ちゅう製ブラシでゴシゴシ磨く。汚れが落ちたら防錆スプレーを吹きつけて、から拭きすればピカピカになって気分もいい。

CARE 11

Oリングとネジ山を確認

ガスバーナー、ガスランタンは扱いやすいが、長く使っていると燃料の口金についているOリングが劣化してくる。Oリングのひび割れや乾燥に気づいたら取り替えよう。

CARE 12

リュブリカントをさして動きよく

ポンピングが必要なストーブやランタンは、定期的に専用リュブリカントをさす必要がある。動きがなめらかになるし、その奥のポンプカップの乾燥を防ぐためだ。

気づいたら

CARE 13 グローブの汚れ落とし

ランタンのグローブは、きれいに見えていても指紋やススが付着して、いつの間にかうす汚れてくるものだ。たまには柔らかな布でグローブの内側と外側を磨く。たったこれだけで明るさが一段変わる。

白いくもりがあれば グローブ交換

マントルが破れているのに気づかず使うと、ガスが噴き出してグローブが白くくもってしまう。そのまま使うと水滴がつくなどちょっとしたことで割れてしまうので交換を。

キャンプ後毎回

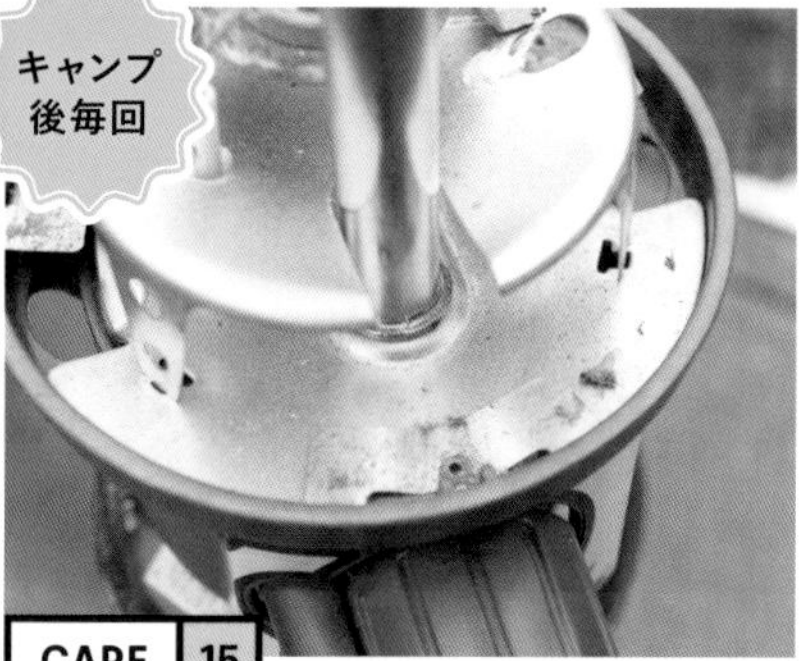

CARE 15 虫やゴミを取り除く

ランタンのグローブを取り除くと、思いのほかゴミがたまっているもの。ゴミを吹き飛ばし、柔らかな布でから拭き。余裕があれば、ネジなどを増し締めしておこう。

キャンプ後毎回

CARE 14 マントルの補充をしておく

ランタンによって使うマントルは異なる。必ずしもキャンプ場の売店で販売されているとは限らないので、キャンプ後には自分のランタンにあったマントルを補充する。

HINT

余裕があれば！

ポンプカップとプッシュオンナット、ジェネレーターを確認

ポンプノブの先についているポンプカップとプッシュオンナット。ポンプカップはひび割れ、プッシュオンナットもゆがんでいることがある。調子が悪いときは、取り出して確認。また、使っているうちにジェネレーター内部にカーボンがたまる。不具合に気づいたら自分で取り替えよう。

その他のギアのお手入れ

キッチンまわりの道具は衛生面に配慮

　ファニチャーは地面に直接置くので汚れがたまりやすい。汚れがたまったままにしておくと可動部の動きが渋くなり、きちんとセットできなくなる。そんな状態で体重をかけると壊れかねない。きちんと洗うことは、破損防止のためにも大切なのだ。

　また、キッチン周りの道具は洗うだけでなく、一歩進んで除菌もしておきたい。今は除菌スプレーが手に入りにくいので、漂白剤を薄めた液で拭き取ってもいい。

　寝袋は20～30泊ごとに洗濯すればいいが、意外に重労働。家族分を1日で洗濯するのではなく、1日1個、順番に洗濯しよう。

CARE 16

クーラーボックス&ジャグを洗って除菌

キャンプ後毎回

底にある排水用の溝やドレンプラグは特に汚れがたまりやすい。気づいたら汚れを拭っておく。

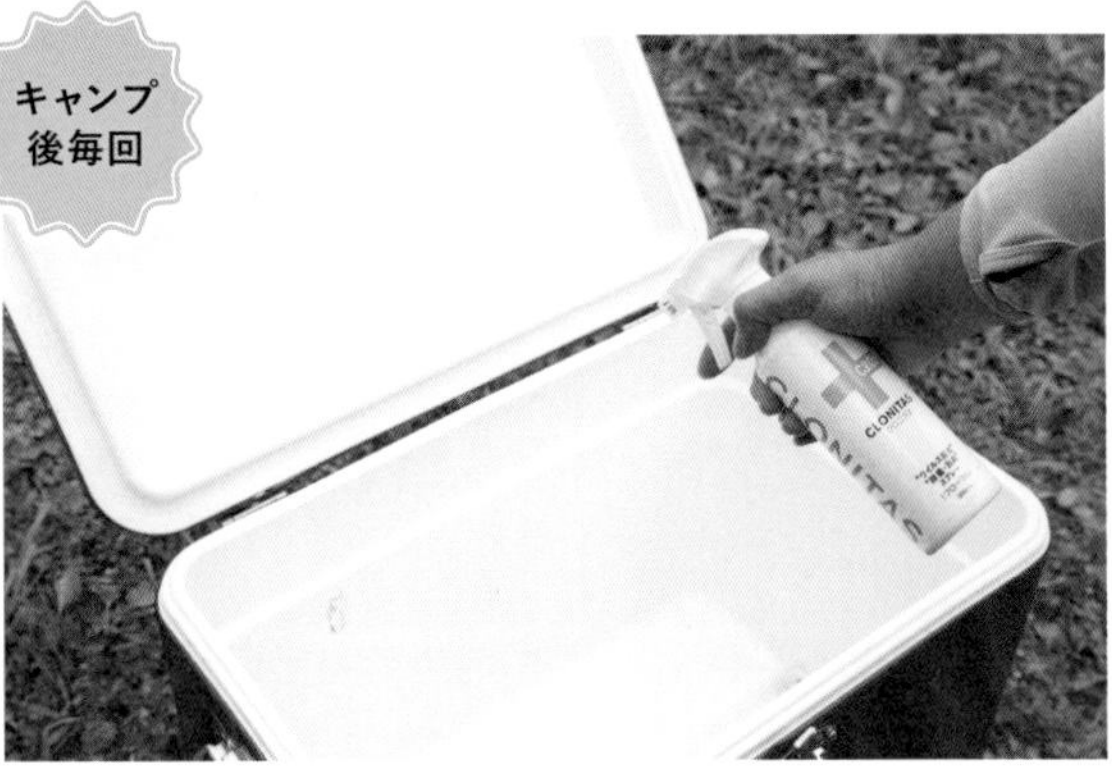

底にたまった水には雑菌が繁殖しやすいし、また知らないうちに汁がこぼれているなどクーラーボックスの内側は汚れやすい。使用後は水洗いして細部までよく乾燥。仕上げに除菌スプレーを吹き付けておきたい。

キャンプ後毎回

CARE 17

ドレンの汚れをかき出す

クーラーボックスなどのドレンは、歯ブラシなど細いブラシを使ってドレン内部の汚れをかき出す。分解できるものであれば、分解して洗えばスッキリ!　ここも仕上げに除菌スプレーを吹き付け、乾かしておく。

20～30
泊に1回

CARE 18

寝袋はバスタブで押し洗い

バスタブにぬるま湯をはって押し洗いするのが基本。脱水はしぼらず、上から手で押さえて水分を押し出し、最後にタオルに挟んで水分を吸い取る。同じ要領ですすぎ、脱水を繰り返して陰干しする。

CARE 19

ファニチャーの可動部にオイルを塗布

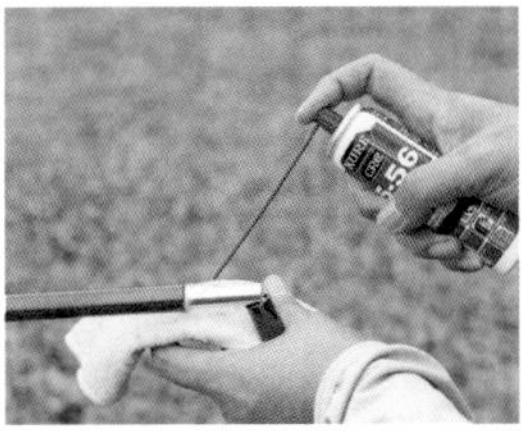

ポールを接続して組み立てるテーブルやチェアは、テントと同じく接続部に潤滑油を吹き付ける。

2～3ヶ月
に一度

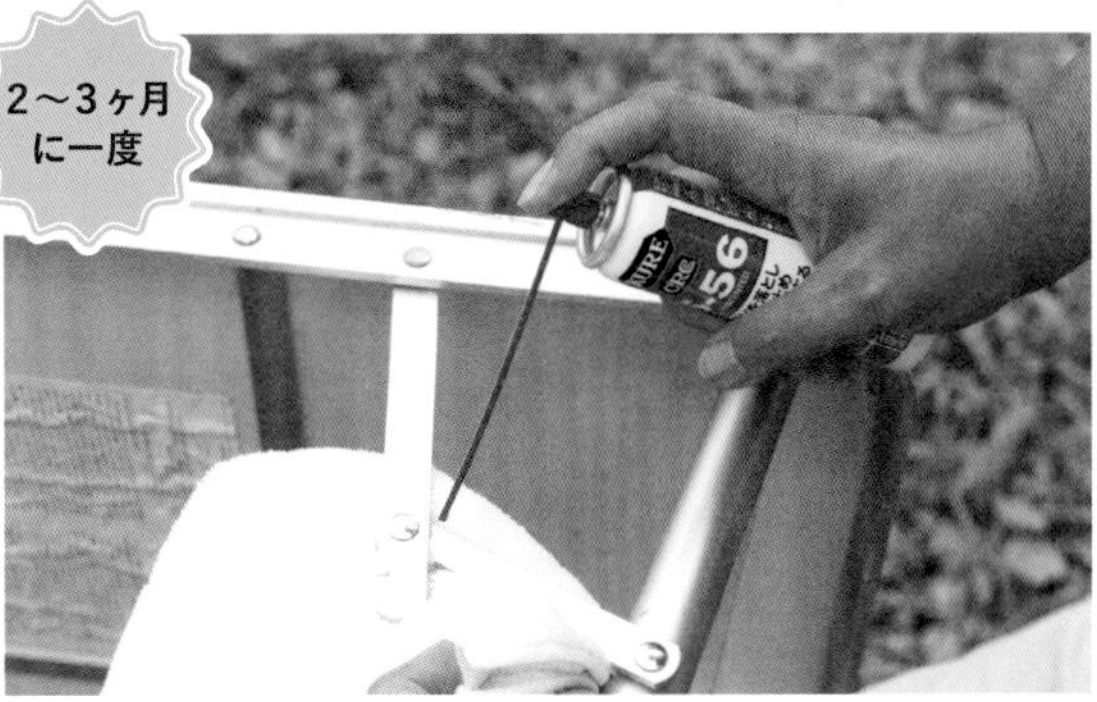

テーブルやチェアの可動部には潤滑油を吹き付ける。潤滑油が付着したままだとかえって汚れがたまる。雑巾をあてて汚れを吹き飛ばしながらオイルアップし、余分な油は拭い取っておこう。

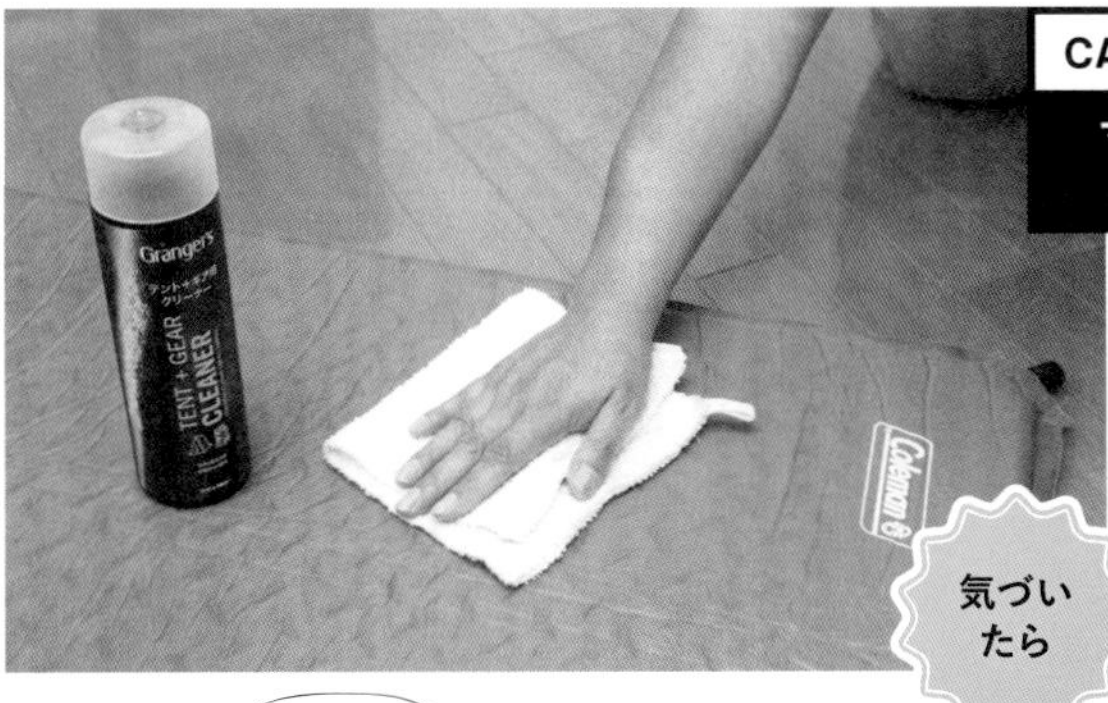

CARE 20

マット類はギアクリーナーで汚れを落とす

マットは素材にあったクリーナーで汚れを落とし、直射日光が当たらない場所に広げてしっかり乾燥。エアマットは内部に湿気がこもりやすいので、できるだけポンプでふくらませるほうがいい。

気づい
たら

HINT

注意！

説明書の指示に従って洗濯を

寝袋は洗濯の表示を確認。洗濯機や乾燥機の使用、水温の指示に従うことで機能を維持できるのだ。また、洗う時はファスナーやベルクロを閉じておくことも重要。

自然の中で遊びながら、成長できるってホント!?

キャンプと子どものいい関係

**キャンプは人にいい影響を与えると言われるけれど、それって本当？
長年野外教育施設などで子どもたちに指導をしている小清水哲郎さんに話を聞いた。**

サイトのレイアウトは空間デザインの遊びと学び

キャンプに行ったら、まずはテントサイトで設営の設計図を思い描くことから始まります。通路はこっちだから、テントの出入り口はここで……、という具合に親子で話し合って決めて、実際にテントやファニチャーをサイトに配置していくわけです。

太陽の位置や風向き、自然の地形を確認。サイトの広さとテントのサイズ、木やクルマとの距離を考えることで**空間認識能力を育む**ことができますし、空間デザインをイメージして、0から作り上げたときには大きな達成感を得られます。そして、お互いのアイデアや考えを取り入れると、いつもと違う関係性も生まれます。

さらに経験を重ねれば、天気の変化に対応することもできます。ちゃんと対策できれば、雨でも楽しめますよ。

焚き火遊びは大人も子どもも対等で高尚な時間

薪に火をつけるのは難しい。そのイメージは林間学校からきたものではないでしょうか？

林間学校では火がつきにくい井桁に組むような古い手法が継続されがちです。

でも、焚き火は炎の特性を知り、薪の状態を見て、**自分で組み方を考えればいい自由で高尚な遊び。**

ファミリーキャンプでは、ぜひ

『自ら学ぶスタイルを身につけて未知の状況にも対応できる“力”を養おう』

自分たちで考えて、試してください。着火剤などなくても、新聞紙1枚あれば火がつく方法を編み出すでしょう。

自然の中のキャンプで身につく「生きる力」

自然の中で一日の大半を過ごすキャンプですから、子どもは太陽や風といった天候の変化や、舗装路ではない凹凸のある地形や水辺、夜の暗さ、生き物や植物など、たくさんの興味をもって観察しています。

さらに、自然の中でのキャンプ経験が増えると、次に起こることを予想したり、気がついたり、考えて行動したりして、自然を理解しながら、**日常生活では得られにくい危険回避能力も身につきます。**

また、子どもは十人十色で、その子なりにいろいろなことに興味をもち、そのことに夢中になります。「知りたい」「やってみたい」という気持ちを刺激することで、**自ら主体的に行動します。**体験を通して学ぶことで、知識や知恵もつき、数多くのスキルも身につくことでしょう。

つまり、自然の中のキャンプでは、子ども自らが、遊びを通して学ぶことで、**未知の状況にも対応できる「思考力」「判断力」「表現力」を身につける一歩になる**と思います。

小清水哲郎さん
神奈川県の野外教育施設で指導員を務めた後、フリーランスに。ライター、プロデューサー、コンサルタントとして、野外教育の大切さを伝えている。

Chapter
2

キャンプサイト実践術

キャンプの基礎知識や道具の使い方を理解したら
次はフィールドで実際にサイトを設営してみよう。
自然のなかでは天候や気温の変化など
思いもよらないトラブルが起こることもある。
季節ごとにどんな道具やサイトレイアウトが
大事なのかをおさえておこう。

＼キャンプ場ってどんなところかイメージを掴もう／

キャンプサイトの選び方

キャンプを始めるうえで、困難の一つとなるのが「キャンプサイト選び」。キャンプ場がどんなところかを知り、注意点を確認しよう。

キャンプサイトの種類は大きく分けて2つ

1 区画型オートサイト

平均的に10×10mほどの「区画」が設けられ、そのスペース内にクルマとテントやタープなどのキャンプ道具を配置する場所のことを指す。キャンプ場によって区画の広さや環境の違い（木陰の有無や、地質など）がある。区画内なら自由にレイアウトできる場所もあれば、駐車スペースがアスファルトなどで決まっている場所もある。また広さも明確な決まりはなく、10×8m、12×10mだったり、キレイな四角形の区画ではない場合も。初心者であれば、余裕を持って最低でも10×10mのサイト選びを推奨したい。

スペースの区切り方はさまざま

区画型とはいえ、植栽や大きな木で明確な区切りがされておらず、ロープだけで簡単に仕切っている場所もある。

ハイスペックなサイト、あります

高規格なキャンプ場では、区画内に上下水道やAC電源が付いている場所も。ただ快適な分、料金は割高だ。

1泊2日の料金相場は 約6000円

区画型オートサイトから キャンプをはじめてみよう

キャンプサイトには上記2種類があるが、初心者におすすめしたいのは区画型オートサイトである。第一の理由は混雑時期でも予約さえ取れていれば自分のスペースを確保できるから。フリーサイトは場所取りが早いモノ勝ちの場合がほとんどだし、何度か訪れてみないことには快適に過ごせる場所を探し出すのも難しい。また混雑時期のフリーサイトとなると、設営できるスペースを見つけることさえ難しく、初心者には酷な状況となるだろう。

オートサイトがおすすめなポイントはほかにもあって、決められた区画内でクルマ、タープ、テントの大物を配置することで、自分のキャンプサイトが占めるスペースが「これくらいなんだ」とつかみやすいことも挙げ

COLUMN 知っておきたい！キャンプ場のアレコレ

リーズナブルな場所は理由あり

地方自治体が管理するフィールドでは、リーズナブルでも施設が充実しているところもあるが、個人経営のキャンプ場であまりにも安い場合は施設の確認を。価格設定は快適度とほぼ比例すると考えておくように。

日陰があると楽々

木陰がある場所と直射日光の当たる場所では日中の気温差、快適度は段違い。とくに夏場、キャンプサイトでのんびりと過ごしたいと考えているのなら、林間のサイトを選ぶことをおすすめする。

標高を調べよう

目安として「標高が100m上がるごとに気温は0.6℃下がる」ことを常に頭に入れておくと、いつの時期でも出かける場所の環境を想像して準備することができる。気温に合った衣類、装備選びにも役に立つ。

最初は自宅から近くが◎

週末や連休に出かけると、行き帰りのドライブだけでもひと苦労。そこに慣れないキャンプがプラスされるのだから、遠い場所を選ぶと疲労するばかり。まずは片道2時間を上限とし、キャンプ場を選ぼう。

CHECK 予約の流れ

WEBやガイドブックで検索

↓

電話もしくはWEBで予約

気になることは、電話で直接聞くのがおすすめ！

2 フリーサイト

近年は野外フェスなどでなじみがあるのが、明確な区切りのないフリーサイトだ。もともと牧場だった場所や、スキー場の麓など、だだっ広いスペースであることが多い。好きな場所、お気に入りの場所にレイアウトでき、空いている時期であれば開放感は格別だ。しかし混雑時期になればひしめき合うため、隣接キャンパーとはゆずり合っての利用を。オートサイトに比べると料金は割安なところが目立つが、その分ロケーションのいい場所は施設から遠かったり、なにかとデメリットを受け入れる覚悟は必要となる。

クルマの乗り入れ不可の場所も

場所によってはクルマを駐車場に置き、サイトまで荷物は手運びとしているフリーサイトもあるので利用前に要確認。

グループキャンプにオススメ

大人数での集まりなら、スペースを気にすることなく自由に場所取りすることができるフリーサイトがおすすめ。

1泊2日の料金相場は
約**4000**円

られる。何度か区画型オートサイトでのキャンプを経験して空間の感覚をつかむことで、状況に応じて展開できる術が自然と身についていく。すると次第に頭の中で「このサイトだったら配置はこうしよう」などとイメージできるようになり、フリーサイトにチャレンジするのも平気になる。

キャンプ場選びも重要。下調べの段階で「こんなステキな場所でキャンプをしてみたい」など理想を求めるのではなく、「いかに安心して快適に過ごせるか」をいちばん重視すべし。キャンプは生活道具一式を持ち運び、設営・撤収をする大変な作業。まずは自宅から近く、施設が充実しているところを選ぶなどし、とにかく無理をしないように心がけたい。慣れてくれば不安要素は少しずつ解消され、キャンプ場・サイトの選択肢は必ず増える。

快適に過ごすための！

キャンプサイト選びのチェックポイント

キャンプ場の周辺環境や場内がどんなところかは、できる限り事前にチェックしておきたい。現地では地面の状態を確認してトラブルを避けよう。

事前にチェック

周辺にスーパーやコンビニがある？

食材や燃料を買い忘れたりしたときのために、近くにスーパーやコンビニがあるキャンプ場を選ぶ。食事を作る余裕がない場合は、総菜やカップ麺でもよし。

キャンプサイトの広さは？

とくに区画型オートサイトを利用の際は、しっかりとサイトの広さを確認しよう。最近の大型テントやタープの組み合わせだと、サイト内に収まりきらない場合もある。

現地でチェック

地面はフラット？

とくにフリーサイトでは重要。リビングとなるタープ、そして寝室となるテントを張る場所の地面がナナメでは、快適とはほど遠い。フラットな場所選びが基本である。

トイレは洋式？

一般的にはだいぶ減ってきたとはいえ、まだまだキャンプ場の和式トイレ率は高い。とくに小さい子ども連れのキャンプなら、迷わず洋式トイレのある場所を選ぼう。

地面の固さは？

プラスチック製のペグやハンマーしか持っていない場合は必ず事前に確認。地質は土、砂利などさまざまだ。プラスチック製のペグだと地面に入らない場所もある。

お風呂は完備？

風呂を完備しているキャンプ場はそう多くはなく、近隣の入浴施設利用となる場合も。とにかくのんびり過ごしたい派なら、場内に風呂があるフィールドを選ぼう。

炊事場はお湯が出る？

いつの時期でも炊事場でお湯が出るのはありがたい。なんといっても洗い物の油よごれがスピーディーに落とせるのがいちばんのメリットだ。

水はけはどうだろう？

降雨の心配がある場合、地面を見てうっすらと水の流れを見つけたら要注意。そこにテントを張ると浸水の恐れが。また空いていても、くぼ地には張らないように。

施設へは適度な距離感で

トイレや炊事場に近いサイトは便利だが、利用者が多いとそのサイト近くを往来する人も多い。また夜は夜間照明がついていたり……。適度な距離を保つのが◎。

＼オートキャンプは段階を踏んで準備！／

キャンプギアの賢いそろえ方ガイド

キャンプを始めるからといって、すべてのギアを一度に揃える必要はない。

徐々にアウトドアに慣れていき、“自然の中で過ごすこと”を経験していくのも一つの方法だ。

最小限のギアをそろえてBBQから始めよう！

STEP 01

PHOTO／佐藤弘樹　TEXT／牛島義之

まずは気軽に BBQを楽しんでみよう!

まずは必要最小限のギアをそろえて、BBQを楽しんでみよう。購入するギアはここに紹介したものだけですむので、オートキャンプのフル装備をそろえるより、はるかに安い。

もしBBQを体験した時点で、自分や家族が「やっぱりアウトドアには向いていない」と思っても、出費はこの最小限ですませられるので、大きな散財を防ぐこともできる。

食器は家にあるもので代用すれば、そのぶん出費も抑えられる。ただし、割れないものでないと、クルマでの移動中、あるいは落として割ってしまう可能性もあるので十分に注意しよう。

≫BBQに必要なギア

BBQグリル、テーブル、チェア、食器、クーラー

POINT 1 BBQグリル選びは卓上グリルも選択肢に

BBQグリルには、脚付きの「スタンドタイプ」のほかに「卓上タイプ」もある。自分たちがどのようなスタイルでBBQを楽しみたいのかを考えてから、BBQグリルを購入しよう。

POINT 2 テーブル&チェアはハイとローを考えて選ぼう

家のダイニングのようなスタイルがいいのか、リビングのように座面の低いチェアに座ってくつろぐのがいいのか。テーブルやチェアは、そんなことを考えて選ぼう。

POINT 3 食器は割れないものであれば家にあるものでもOK

食器はアウトドア用ではなく家で使っているものでもOK。ただし、陶器やガラスのように、落とすと割れてしまう食器はNGだ。またエコの観点から、使い捨ての紙皿などは控えたい。

POINT 4 クーラーボックスはソフトクーラーを選ぶのもあり

「ハードクーラーは大きくてかさばるからなぁ……」という人には、ソフトクーラーがおすすめ。使っていないときはコンパクトに畳めるので、家での保管場所にも困らない。

STEP
02

外ごはんに慣れたらデイキャンプでアウトドアパーティー！

キッチンギアを充実させてアウトドアパーティーを楽しむ！

BBQを体験して、アウトドアでの食事が楽しいと思ったら、次はデイキャンプを楽しんでみよう。ステップ1で紹介したBBQギアにデイキャンプギアを買い足すだけでいいので、この時点での出費も比較的高額にならずにすむ。

ここで買い足したのは、ツーバーナーやクッカーなどのクッキングギアが中心。これらの道具があれば、BBQでは作れないさまざまな料理に挑戦できる。予算に余裕があれば、ダッチオーブンやスモーカーなどを追加して、本格料理に挑戦してみるのもいいだろう。

≫デイキャンプに必要なギア

タープ、2バーナー、クッカー、バーナースタンド、ジャグ

POINT 1 タープはオープンタープがリーズナブルでかさばらない

タープには、このヘキサタープのような「オープンタープ」のほかに、テントのような形状の「スクリーンタープ」もあるが、オープンタープの方がかさばらずリーズナブルだ。

POINT 2 バーナースタンドも忘れずに準備しよう

ツーバーナーを購入するときには、バーナースタンドも忘れずに。立って調理するのにちょうどいい高さになるので、地面やテーブルに置いて使うよりも効率よく作業ができる。

POINT 3 ダッチオーブン料理やスモークにも挑戦しよう

予算に余裕があったら、ダッチオーブンやスモーカーを購入して、アウトドアならではの料理を作るのも楽しい。普段あまり味わえない料理があると、パーティーも盛り上がるぞ。

POINT 4 デイキャンプにハマったらキッチンテーブルがおすすめ

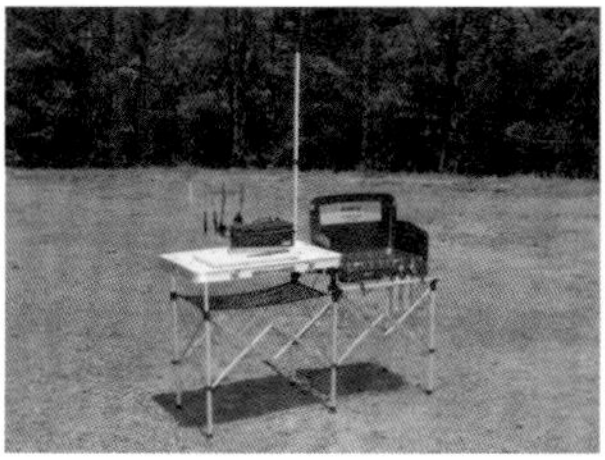

アウトドアクッキングが楽しくなったら、より作業効率がよくなるギア「キッチンテーブル」の購入をおすすめしたい。バーナースタンド付きなら、調理もよりしやすくなる。

STEP

03

初めてのアウトドアの夜は コテージキャンプで体験！

≫コテージキャンプに必要なギア

シュラフ、マット、LEDランタン

コテージなら初めてのキャンプ泊でも安心

アウトドアでの料理が楽しくなったら、次はキャンプ場でアウトドアの夜を体験してみよう。でも、初めからテント泊ではハードルが高いので、まずはコテージ泊から始めよう。日中は外でアウトドア気分を満喫して、夜だけは家と同じような建物で眠れば、小さな子どもがいるファミリーでも安心だ。

ここで「夜はやっぱりイヤ!」となれば、シュラフやマットは家での急なお客様用に、キッズシュラフは林間学校に使えばいい。またLEDランタンは、防災グッズとして活用できる。シュラフやマットは、まずレンタルでというのもあり。

POINT 1 シュラフは使用可能な温度帯に注目して選ぼう

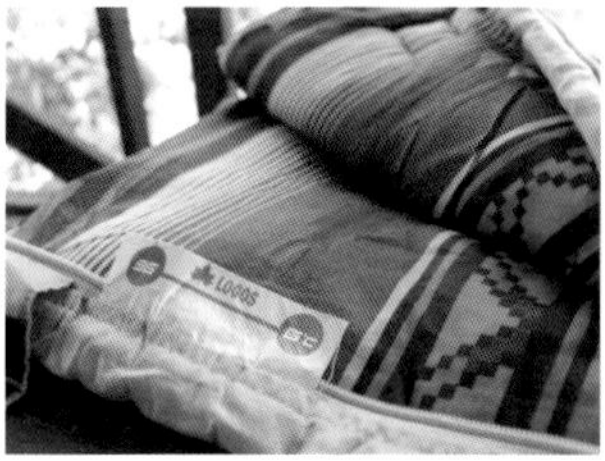

シュラフ購入時にチェックしたいのは、そのモデルの使用可能な温度帯。出かける場所の気温に合った温度帯のモデルを選ばないと、寒くて寝られないなんてことにもなりかねない。

POINT 2 パーソナルマットはインフレータブルがおすすめ

シュラフの下に敷くマットは、バルブをひねると自動的に空気が入るインフレータブルマットが便利。ふたりで使えるダブルサイズのモデルもあるので、購入時に検討してみよう。

POINT 3 ランタンはLEDの大きめなモデルを準備しよう

テーブルの上に置くランタンは、触ってもヤケドの恐れがないLEDランタンがおすすめ。テーブル全体を照らせる、ある程度大きめのモデルがいいだろう。調光できればさらに便利。

POINT 4 キャンプの夜が楽しくなる焚き火台の購入も考えよう

焚き火台があればキャンプの夜がより楽しくなるので、予算に余裕があればぜひ購入したい。出かけるキャンプ場で焚き火が可能か、薪は購入できるかなども確認しておこう。

STEP
04

宿泊ギアをそろえて オートキャンプを始めよう!

POINT 1 使用人数＋荷物スペースを考えたテント選びを

テントを購入する際に確認したいのが「定員」。全員が寝られることはもちろん、荷物を置くスペースがあるかどうかも考慮して、自分たちが使いやすいテントを選ぼう。

POINT 2 テント全体に敷くフロアマットは必須のグッズ

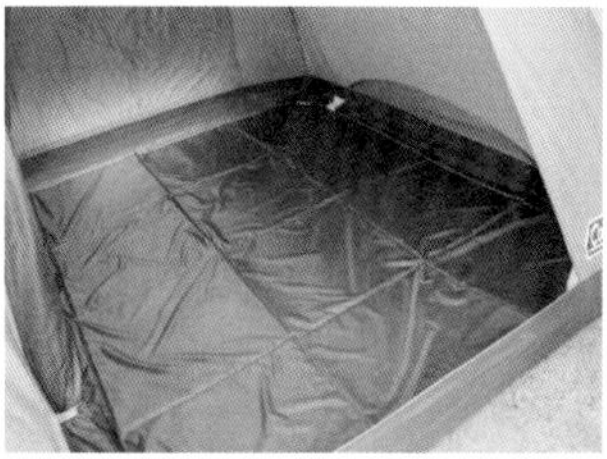

テント購入時は、テント内に敷くフロアマットも一緒に購入すること。地面からの湿気や冷気の侵入を防ぐので、テント内が快適になる。テントとセットで売られているモデルもある。

POINT 3 ガスやガソリンのランタンでサイトを明るく照らそう

LEDランタンだけでは暗いので、サイト全体を照らせるガスやガソリンを燃料にするランタンを購入したい。テーブルから少し離して設置すれば、誘蛾灯代わりにもなるので便利だ。

POINT 4 万が一に備えてペグ＆ハンマーも準備しよう

キャンプ場によっては地面が硬く、テントに付属するプラスチック製のペグでは刺さらない場合がある。そんなときに備えて、スチール製のペグやハンマーを準備しておこう。

≫オートキャンプに必要なギア

テント・フロアマット、燃料ランタン

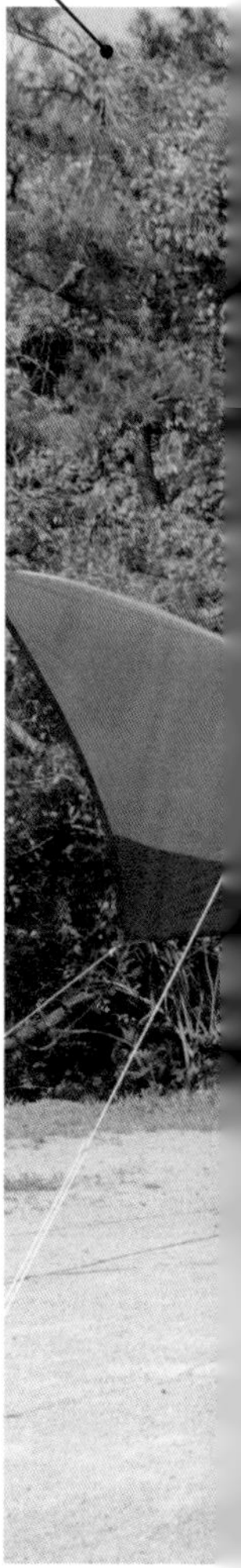

初めてのキャンプでも経験があるので安心

コテージキャンプでキャンプの夜を楽しめたら、オートキャンプデビューだ。ここにたどり着くまでに「炭の火おこし」「タープ設営」「アウトドアでの調理」「シュラフでの睡眠」などを経験しているはず。スキルは身についているので心配はない。すべてが初めての体験になってしまうと余裕がなくなり「キャンプなんておもしろくない!」となることも。だから「ステップアップなんて面倒だから、最初からオートキャンプでいい」という人も、ぜひＢＢＱから始めてみてほしい。

テントやランタンの購入は、レンタルで体験してからでもＯＫだ。

真夏の酷暑を乗り越えろ!

夏キャンプ
快適マニュアル

真夏のキャンプを涼しく過ごすための「納涼テクニック」をシーン別に細かく解説。誰でもできる簡単なテクニックだけでなく、涼しく過ごすためのアイテムも紹介するので、夏休みのキャンプの参考にしてみよう!

暑い夏を涼しく過ごすテクニックを紹介!

家族みんなが一緒に休みを取れるチャンスである夏休みは、ファミリーキャンプへ出かける絶好のチャンス。それに、カブトムシやクワガタなどの昆虫採集、天然の川へ入っての水遊びなど、夏にしか体験できない楽しみが待っているから、子どもにとっても、夏キャンプは一大イベントだ。

そんな理由もあって多くのファミリーが夏にキャンプへ出かけるのだけれど、夏はほかの季節と違って、気をつけなければならないことがある。それは〝暑さ〟と〝日差し〟だ。近年は30℃を超える真夏日どころか、35℃を超える猛暑日も珍しくなくなっているし、気温がさほど高くなくても、一日中強い日差しにさらされながら遊んでいると、熱中症になる危険性もある。

ここ数年、夏は平年並みか高い気温になることが多く、真夏は体に応える厳しい暑さの日が続く。とくに九州から関東にかけては、ギラギラと強い日差しが照りつける日が多くなっている。

ここでは、夏のキャンプを涼しく過ごすテクニックを紹介。サイトで涼しく過ごすテクニックから、熱帯夜でも快眠できるノウハウ、料理や食事のときに役立つ豆知識など、さまざまなシーンの〝涼テク〟を解説していこう。ちょっとした工夫やアイテムをプラスするだけという簡単なテクニックなので、次のキャンプで実践してみてほしい。

さらに夏のキャンプでほしくなるクールアイテムや、テクニックを駆使しなくても涼しく過ごせる「標高1000m以上のキャンプ場」も紹介しているので、ぜひ参考にしてほしい。

TEXT／牛島義之　PHOTO／佐藤弘樹　ILLUST／岡本倫幸　撮影協力／PICA富士吉田

Summer Camping

サイト編

リビングやテント内を涼しくしよう！

ちょっとした工夫や設営のポイントを押さえれば、
キャンプサイトはもっと快適になる！

吹く風も涼しく感じる林間サイト。

Point 1 できるだけ木陰にサイトを作ろう

「タープで日陰を作っても、木陰ほど涼しくならない」と感じている人は多いはず。それは、木陰が直射日光を遮ってくれるだけでなく、木の葉から出る水分が蒸発する際にまわりの熱を奪う「蒸散作用」が起こっているからだ。だから、木陰のないサイトに比べて林間サイトはかなり涼しく過ごせる。キャンプ場選びの際は、林間サイトなど、木陰が多いサイトがあるかどうかを確認してから、予約を取るといいだろう。

Point 2 設営が終わったらテントはメッシュに

インナーテントは熱がこもらないようメッシュに。

ベンチレーションもしっかりと開けておこう。

キレイに張ることでもテントを涼しくできる。

テントの設営が終わったら、寝室に熱気がこもらないよう、すぐにすべてのパネルをメッシュにして、通気性を確保しよう。そうすれば、寝るときにはテント内も涼しく快適になっているはずだ。また、フライシートとインナーテントの隙間に風が通ることで、テント内の温度上昇を低減できるので、フライシートはキレイに張っておこう。きちんと張っていないと、ベンチレーション効果が得づらくなり、テント内に熱気がこもりやすくなる。

Point 3 すだれで日差しをさえぎって日陰を作る

テントのキャノピーやタープは、日差しが横から入ってくると日陰を作ることができず、直射日光を浴びてしまう。スクリーンタープなら、パネルを閉じれば日差しを遮ることはできるが、風通しも悪くなってしまう。そんなときにあると便利なのが「すだれ」だ。すだれは、日陰を作りつつ風通しもいいので、涼しいリビング作りにはピッタリ。霧吹きで水をかければ、風が通るときに水が蒸発してまわりの熱を奪ってくれるので、一段と涼しくなる。

すだれをかければ見た目にも涼しげに。

霧吹きですだれを湿らせれば涼しくなる。

Point 4 サイトに打ち水は気温低下に効果的

暑い夏に街で打ち水をすると涼しくなることが知られているが、キャンプ場でも同じ効果が得られる。サイト周辺に水をまけば温まった地面を冷やしてくれるだけでなく、水分が蒸発するときに周囲の熱を奪うので、気温を下げることができる。ただし、日中の炎天下に水をまくと湿度が上がって逆に不快になるので、朝夕の気温が低いときに行うようにしよう。

夕方に打ち水をすれば涼しく寝られる。

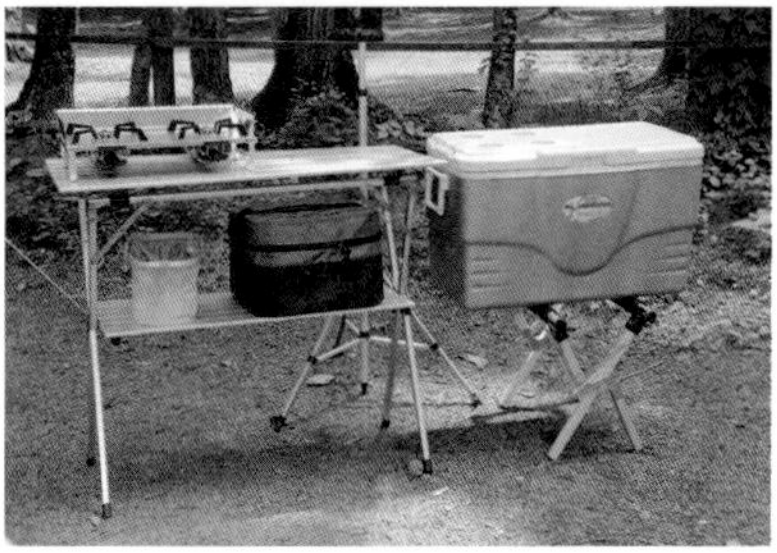

Point 5 寒色系にすると サイトが涼しくなる

人は暖色を見ると交感神経が優位になって、血圧が上がったり、血流が高くなって体温が上昇する。逆に寒色は、人の心を落ち着かせて体感温度を下げるといわれている。ある実験では、暖色の部屋より寒色の部屋にいるほうが、2〜3°Cも体感温度が下がるという結果が出ている。そんな効果を利用して、サイトに寒色系グッズを多く使えば、涼しさもアップするはずだ。買い替えが難しい人は、テーブルクロスを寒色にするなどの工夫をしてみよう。

■テーブル：コールマン／ILリビングテーブル/120プラス（モザイクウッド）
■チェア：コールマン／ILコンパクトフォールディングチェア（ヘリンボーン）
■ベンチ：コールマン／ILリラックスフォールディングベンチ（ヒッコリー）
■キッチンテーブル：オンウェー／イージーハイテーブル
■2バーナー：SOTO／レギュレーター2バーナー GRID

Check 遮熱機能テント&タープで暑さ知らず！

最近、注目されているのが高い遮熱機能を備えたテントやタープ。なかでも、テントを中心にスクリーンタープやヘキサタープを展開するコールマンの「ダークルームテクノロジー」、ヘキサタープやスクリーンタープを展開するロゴスの「ソーラーブロックコーティング」が代表的な存在だ。コールマンは外気温との最大温度差が13.5°C、ロゴスは最大温度差が15°C。そんな遮熱機能の高いテントやタープを使えば、真夏でも快適に過ごせそうだ。

遮熱性の高いスクリーンテント。雨や日差しを防ぎながら通気性も確保する機能を装備。
■コールマン／タフスクリーンタープ/400＋

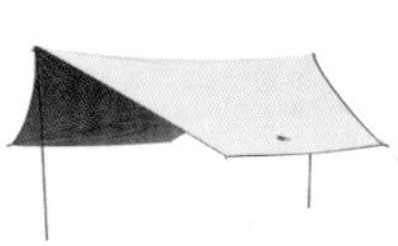

遮光率100%、UVカット率99.9%以上を誇る、幅440cmサイズの使いやすいヘキサタープ。
■ロゴス／ソーラーブロック ウイングヘキサタープ

空気を注入するだけで建てられるエアチューブを採用した遮熱性の高い大型タープ。
■ロゴス／グランベーシック エアマジック ソーラーブロック タープ-AI

日光を90%以上、紫外線を99.99%以上防いでくれるワイドサイズの2ルームテント。
■コールマン／タフスクリーン2ルームハウス/LDX＋

昼間でも室内は真っ暗で暑さをほとんど感じない。真夏でも快眠できそうだ。

Summer Camping

寝室編

夏の寝室作りを知れば“涼眠”できる!

夏ならではの寝室作りをすれば、
寝苦しい熱帯夜でも快眠できること間違いなし!

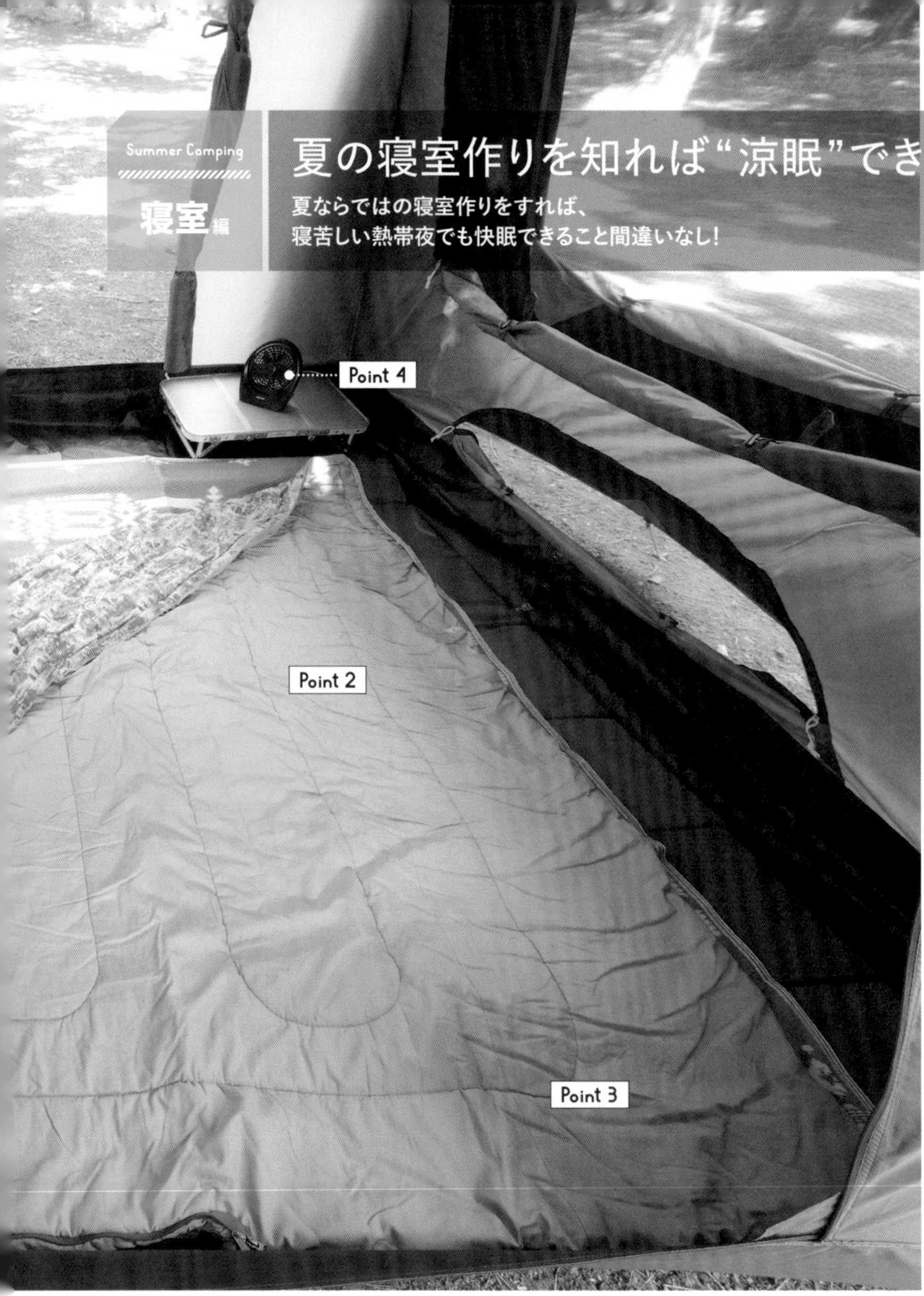

Point 1 コットで涼しい眠りを演出しよう

マットの上にシュラフを敷いて寝る一般的なスタイルは、背中に熱がこもって寝苦しいこともある。そんなときはマットの代わりにコットで寝るのがおすすめだ。コットは地面から離れているので、生地の下を風が通り抜け、熱がこもりにくい。暑い日はテント内にコットを入れて寝てみよう。ただし、インナーテントのフロアサイズとコットのサイズをきちんと知っておかないと、納まらないこともあるのできちんと調べておこう。

コットと薄手のシュラフなら涼しく寝られる。

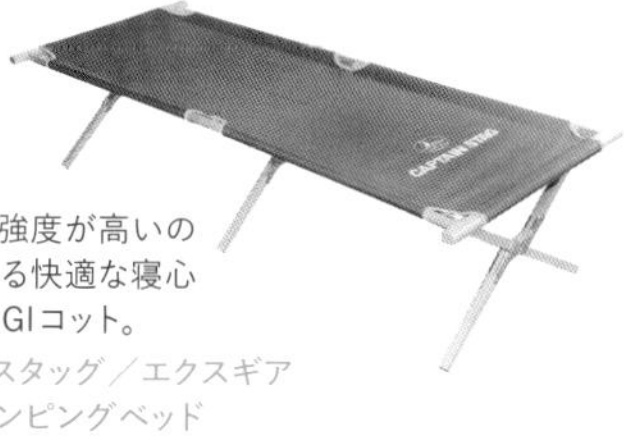

生地の張りと強度が高いので、弾力のある快適な寝心地が得られるGIコット。
■ キャプテンスタッグ／エクスギア アルミGIキャンピングベッド

Point 2 マットにゴザ+かけ布団で爽やか!

ゴザなら汗をかいてもべとつかないので快適。

マットやシュラフの上に直接寝ると、背中に熱がこもりやすく、暑くて寝苦しくなってしまう。そんなときはマットの上にゴザを敷けば、触った感覚がひんやりとしているし、通気性も得られるので涼しく寝ることができる。さらに封筒型シュラフのファスナーを全開にし、布団のようにかけて寝れば、足や肩を自由に出すことができるので、より涼しく寝られる。夏のキャンプでは寝付きが悪いという人は、ゴザを敷いて寝てみよう。

■マット:キャプテンスタッグ/キャンピングFDマット〈L〉200×100cm
■ゴザ:キャプテンスタッグ/ストローラグ180×180cm(ターコイズ)

ベルト付きで
持ち運びも簡単。丸洗いもOK。

Point 3 アイスピローで熱帯夜でも快眠!

病気で熱が出たときなどに使うアイスピロー。これをマクラにして寝れば、寝苦しい夏の夜でも涼しく寝られる。ただし、冷やし過ぎは体によくないので、タオルなどを巻いて温度調節をしよう。また、アイスピローは冷凍して使うものなので、1泊目の夜は使えても、2泊目以降は冷凍することができないので、使用は少々難しい。

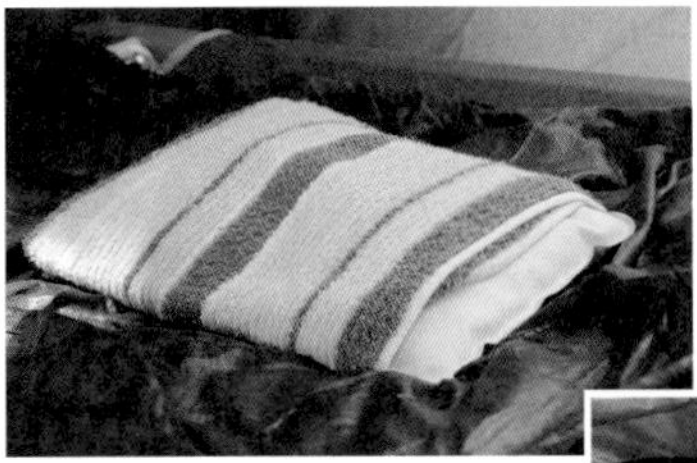

ひとりにひとつあると便利なアイスピロー。

冷えすぎないようにタオルなどで巻いて使う。

Point 4 ポータブル扇風機で涼感アップ

あまり風のない夜は、充電式や電池式のポータブル扇風機を使って、テント内の空気を循環させれば涼感もアップする。ポータブル電源があれば、さらにハイパワーなサーキュレーターなどの家電を使うことも可能。AC電源のないキャンプ場ではあると便利だ。

枕元に置くならコンパクトサイズがおすすめ。

Point 5 接触冷感グッズで涼眠を

家庭用に売られている、触れると涼しく感じる「接触冷感素材」を採用した敷きパッドや肌掛けなどを上手に使って、キャンプの夜を快眠しているキャンパーもいる。しかし今シーズン、ハイランダーから接触冷感の新製品が登場! 接触冷感の指標であるQ-max値が0.4以上（はっきりと冷たさを感じるレベル）の生地を採用しているので、爽快感は高い。家庭用で満足していなかった人は、キャンプ用の接触冷感アイテムを使ってみよう。

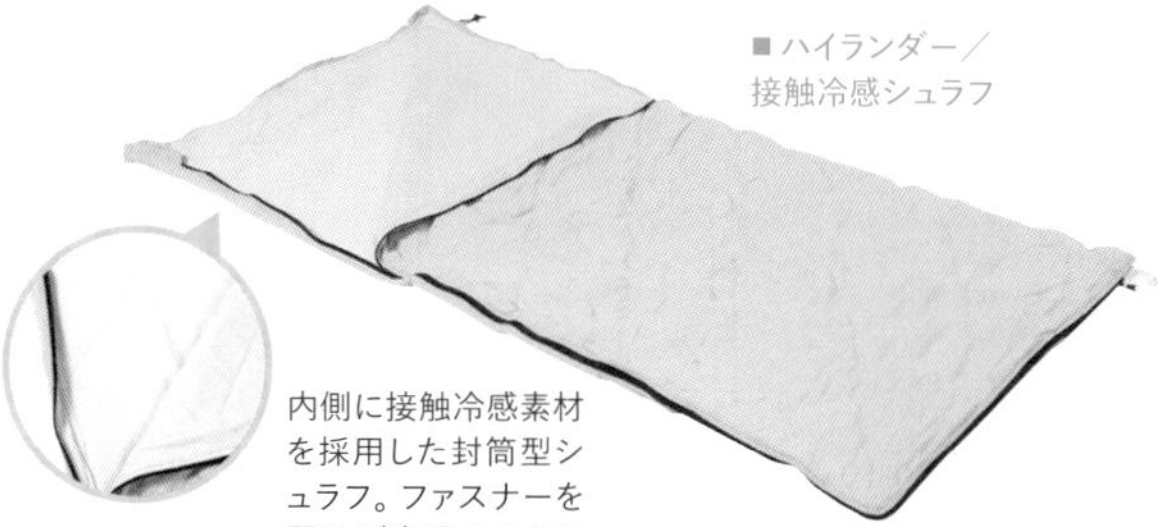

■ハイランダー／接触冷感シュラフ

内側に接触冷感素材を採用した封筒型シュラフ。ファスナーを開けば布団のように使える。

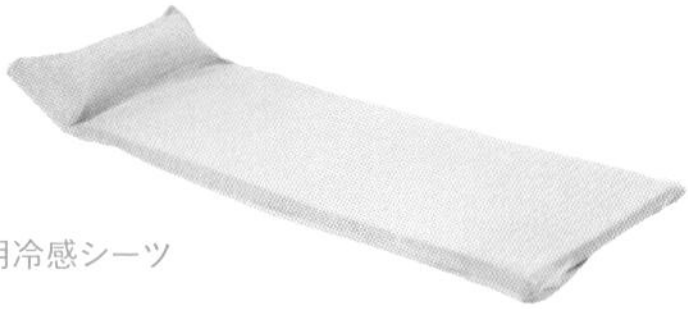

Q-max値0.3だった従来モデルを0.4へとアップさせたインフレータブルマット用シーツ。

■ハイランダー／インフレータブルマット用冷感シーツ

Point 6 スクリーンタープで寝る

大きなメッシュは風通しがよく開放的。

「インナーテントにコットが入らない」「もっと風通しのいい場所で寝たい」という人は、スクリーンタープや2ルームテントの前室で、パネルをメッシュにして寝るのもおすすめだ。ほかのサイトが近いキャンプ場では、少々人目が気になるかもしれないけれど、とっても涼しくて開放的なので気持ちよく寝られる。気になる人は、ほかのサイトから目隠しになるようにクルマを駐車したり、一部のパネルを閉めて目隠しするといいだろう。

日中は荷物置きとしても役に立つコット。

Check ウエアを工夫するだけで涼しく過ごせる!

日中の暑さを和らげてくれるのは、グッズばかりではない。ウエアもまた、夏のキャンプを涼しくしてくれる。着ているだけで涼しさを感じる接触冷感素材のウエアなら、着ているだけで涼しさがアップ。また通気性のいい速乾素材のウエアなら、汗をかいても快適だ。1着で長ズボンと半ズボンを兼ねる「コンバーチブルパンツ」や、水で濡らして首に巻くだけで涼しくなるクールタオルも、あると便利なアイテムだ。こんなウエアを準備していけば、さらに涼しく夏のキャンプを楽しむことができるはずだ。

暑さに負けないクッキングの裏テク！

体も食材もクールに保つクッキングまわりのテクニックを知れば、夏の暑さも怖くない！

Point 1 クーラー inクーラーで保冷力アップ

ハードクーラー内にソフトクーラーを入れて2気室に。

取り出しやすいハードクーラーにドリンクを入れる。

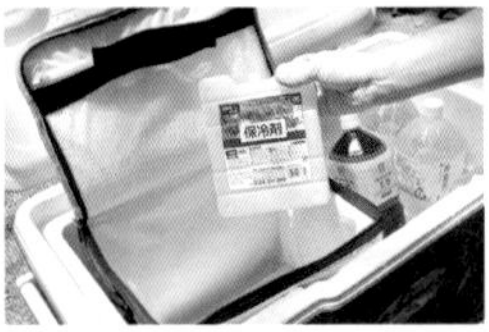

ソフトクーラー内にも保冷剤を入れて食材を冷やす。

ハードクーラーの中に、容量が半分ぐらいの大きさのソフトクーラーを入れて2気室にし、それぞれに保冷剤を入れる。そうすればソフトクーラー内の温度が上がりにくくなるので保冷剤が長持ちし、夏の2泊でも食材を冷たくキープする。ソフトクーラーを食材用、ハードクーラーをドリンク用にしておけば、ドリンクを取り出すたびにフタを開けても、ソフトクーラー内の温度は上がらないので、肉や魚などの生ものを入れておいても安心だ。

Point 2 サーモマグは保冷力だって抜群！

温かいドリンクを保温するためのサーモマグは、断熱性が高いので冷たいドリンクもしっかりと保冷してくれる。いつでも冷たいドリンクを飲みたい夏には、うってつけのアイテムだ。温かいドリンクを飲むときだけに使っている人がいたら、夏も活用してみよう。マグカップだけでなく、保温ボトルに冷たいドリンクを入れて飲むのも効果的だ。またフタ付きなので、カップに砂ぼこりなどが入ってしまう心配がないのもうれしい。

サーモマグや保温ボトルは冬だけでなく夏も使いたい。

熱伝導率が低く外気の影響を受けにくいチタン製中空二重構造のカップと専用のリッド。

■SOTO ／エアロマグ450ml＋マグリッド ウルトラライト

Check 暑くなったクルマの中もちょっとしたテクニックで涼しくなる！

夏の炎天下に駐車しておいたクルマは、車内がサウナのように高温になってしまう。キャンプサイトの撤収をして汗だくになったあと、そんな状態の車内に入るのはかなりつらい。しかし、ちょっとした工夫やコツを知っていれば、暑くなった車内の温度を簡単に下げることができる。知っておくと帰りのドライブは楽になること間違いなしだ！

クルマの窓は4～5㎝開けておこう

炎天下に駐車したクルマの中が非常に暑くなるのは、換気ができていないためでもある。そこで駐車中はすべての窓を4～5cm開けて、暑くなった車内の空気を外に出せれば、室温が上がりにくくなる。ただし不用心なので、サイトに人がいなくなるときは窓を閉めておこう。

窓を数cm開けておくだけで室温は上がりにくくなる。

ダッシュボードを濡れタオルで拭く

車内の温度が上がるのは、ダッシュボードが直射日光で加熱されて蓄熱するため。だから発熱するダッシュボードの温度を下げれば、車内温度の上昇も抑えられる。車内が暑くなってしまったら、濡れタオルなどでダッシュボードを拭いて温度を下げよう。

ダッシュボードだけでなく熱いハンドルも拭けば触れるようになる。

走り始めは窓全開で車内の熱気を出す

車内が暑いからと窓を閉めて、内気循環でエアコンを稼働させるのは冷却の効率が悪い。走り始めは窓を全開にして熱気を外に出しながら走行。同時にエアコンを外気導入にし、最低温度・最大風力に設定して稼働すれば、意外と早く車内を涼しくすることができる。

最初は窓を全開にして外気導入で稼働しよう。

Point 3 火を使う時間が短いから暑くない

肉を柔らかく煮ることができたり、ほったらかしで手間をかけずに調理ができることで人気の保温調理器。おいしく楽に調理できるだけでなく、火を使っている時間が短くなるので、調理中に暑くないというメリットもある。また、保温調理中は火を使わないので、鍋から離れてもOK。タープの下などで涼んでいられるのも、暑い夏にはありがたい。

加熱したステンレスダッチオーブンを入れるだけで保温調理をしてくれる。保冷調理も可能。

■SOTO／eMEAL（エミール）

ローストビーフもほったらかしで作れる。

手っ取り早く涼キャンプするなら

標高を上げるべし！

テクニックを駆使する前に、涼しいキャンプ場を探し出そう！

1500ｍの高原に広がる「丸沼高原オートキャンプ場」

気温が低くなるぶん 紫外線が強くなるので注意

キャンプの納涼テクニックで、いちばん簡単で手っ取り早いのは、標高の高いキャンプ場に出かけること。これまでに紹介したキャンプ中の納涼テクニックも役に立つけれど、涼しいキャンプ地選びはさらに重要だ。

標高が１００ｍ上がるごとに気温は０・６℃下がるので、標高が上がれば上がるほど涼しく過ごせることになる。ただし、標高によっては朝晩の冷え込みが厳しくなるので、念のため防寒着を持っていくことを忘れずに。

また「ＵＶインデックス（紫外線が人体に及ぼす影響の度合い）」は、標高が１０００ｍ高くなると約10％増加するといわれている。夏の乗鞍岳（２７７２ｍ）で紫外線観測したところ、つくば（31ｍ）に比べると、約40％紫外線が強くなったという。これは１０００ｍあたり約15％強くなるということ。涼を求めて標高の高い場所に出かけるときは、紫外線対策も忘れずに。

メリット

気温が下がるので昼でも涼しく過ごせる

平野部では見られない高山植物が見られる

空気が澄んで星空がキレイに見える

デメリット

日中は涼しく過ごしやすいけれど朝晩は寒い

地域によっては山道が多くなり運転が大変

平野部に比べると紫外線が強くなる

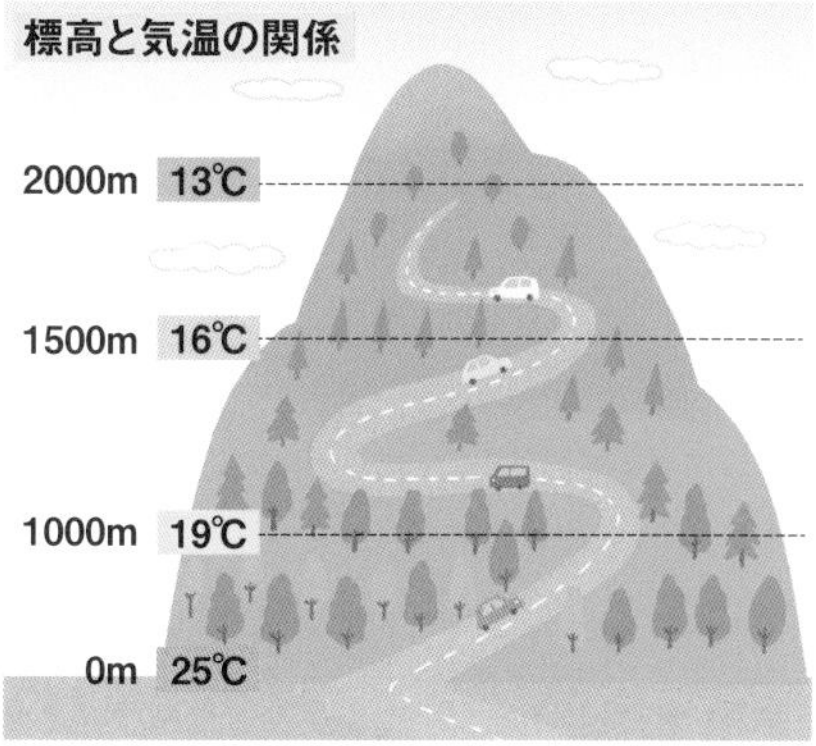

標高1000m以上にある涼しいキャンプ場

長野県・南信州うるぎ星の森オートキャンプ場

雄大な南アルプスの山並みを望み、晴れていれば満天の星が楽しめるロケーションが魅力。サイトは1区画平均120㎡と広くゆったり過ごせる。

長野県下伊那郡売木村2653-3
TEL.0260-28-2455
https://www.hoshinomori.jp/

山梨県・PICA富士吉田

さまざまな宿泊施設が並ぶ欧米型のキャンプ場。アカマツ林に囲まれたキャンプサイトは、木陰がたっぷりで涼しく過ごせる。

山梨県富士吉田市上吉田4959-4
TEL.0555-30-4580
https://www.pica-resort.jp/yoshida/

群馬県・丸沼高原オートキャンプ場

広大なスキーゲレンデを利用したキャンプ場。開放感抜群の広々としたフリーサイトのほか、AC電源付きサイトもある。

群馬県利根郡片品村東小川4658-58
TEL.0278-58-4300（予約）
https://www.marunuma.jp/

大分県・くじゅうやまなみキャンプ村

九州の屋根と言われるくじゅう連山の麓に位置する。オートサイトのすべてにAC電源とミニキッチンが付いている充実ぶりだ。

大分県玖珠郡九重町田野267-18
TEL.0973-79-3444
http://kokonoe.net/kyk/

広島県・恐羅漢《おそらかん》エコロジーキャンプ場

広島県でいちばん高い場所にあるキャンプ場。国定公園に指定された緑豊かなフィールドでは、トレッキングやジップラインが楽しめる。

広島県山県郡安芸太田町横川
TEL.0826-28-7270
http://www.osorakan.co.jp/summer/

岐阜県・平湯キャンプ場

広いシラカバ林に囲まれたキャンプ場は、クルマ200台限定入場で先着順に設営できるシステム。爽やかなフィールドでのんびりと過ごせる。

岐阜県高山市奥飛騨温泉郷平湯768-36
TEL.0578-89-2610
http://www.hirayu-camp.com/

こんなコトに気をつけて！

子どもと一緒の夏キャンプ

大人だけのキャンプと違って、子どもと一緒にキャンプをするときは、注意しなければいけないことがけっこう多い。どんな注意が必要なのか、そのポイントをシーン別に紹介していこう。

Scene 1 服装編 シーンに応じて服装を変えよう

》日中は暑さに気をつける

日中は基本的には、帽子・Tシャツ・短パン・サンダルといった服装でOK。ただし汗冷えを防ぐために、Tシャツは速乾素材のものがおすすめだ。コットンの場合は、汗で濡れたらマメに着替えられるように多めに準備しよう。

同じキャンプ場にいても、時間帯や天候、状況によって、自然から受ける刺激はさまざま。子どもの健康や疲労を考えると、それぞれのシーンに応じて服装を変えるようにしたい。

とくに夏は日差しが強く、気温も高くなるので、ウエアによる熱中症対策は万全にしておこう。強い日差しから頭部を守る帽子は必須アイテム。ツバが広く、後頭部を守ってくれるハットタイプがおすすめだ。

また、日陰がない場所で遊ぶ場合は、こまめに日焼け止めを塗るのを忘れずに。日焼けで痛くなるだけでなく、体力も消耗してしまうので注意が必要だ。

》夕方は寒さと虫対策を

日が暮れると急に寒くなることがあるので、長袖・長ズボンは必携。しかしそれだけでなく、夕方はブユが活動を始めるので、長袖・長ズボン・ソックスで虫刺され対策をしたい。裾をソックスに入れるなどして、ズボン内への侵入を防ごう。

》水遊びは紫外線に注意

日陰のない場所が多い水遊びのときは、ラッシュガードを着て日焼け対策をしよう。日焼けをすると疲労の回復が遅くなり、体力を消耗するとケガのもとに。また紫外線を浴びすぎると、皮膚ガンや白内障、免疫機能低下につながるおそれも。

TEXT／牛島義之　ILLUST／岡本倫幸

Scene 2 ドリンク編 水分補給で熱中症対策を

子どもは夢中で遊んでいると、水分補給を忘れてしまいがち。気がついたら軽い脱水症状を起こし、気分が悪くなってしまうなんてことも……。

そんなことにならないように、子どもには定期的に声をかけ、様子を見るようにしたい。楽しくて夢中になっていると、面倒くさがって飲まないこともあるので、いつでも気軽に飲める状況を作っておくのも大切だ。

気軽に飲めるジャグを準備

クーラーからペットボトルを出してコップに注ぐのは面倒だし、庫内の冷気も逃げてしまう。そこで子どもが気軽に水分補給ができるよう、保冷できるジャグにドリンクを入れておこう。そうすればまめに水分補給ができる。

フタ付きマグなら保冷もOK

フタ付き保温マグや保温ボトルは、保温だけでなく冷たいドリンクも保冷してくれるので、夏も便利に使える。またフタ付きだと、ジュースの甘い香りにつられてハチが入ってしまうのも防いでくれるので安心だ。

これだけは絶対に守ろう!

子どもから目を離さない

キャンプ場は管理された安全な場所ではあるけれど、危険なこともたくさんあると考えておきたい。場内を流れる天然の川、のぞき込んだら落ちてしまうかもしれない崖、急に動き出すクルマなど、いろいろな危険があることを子どもに伝えておこう。もちろんそれだけでなく、親は子どもから目を離さないことが大前提だ。

また、他人のサイトを横切ったり、炊事場を占領して遊んだりといった、知らないうちに起こしてしまうマナー違反があるかもしれないので、そのようなことをしないためにも、子どもをきちんと見守るようにしたい。

Scene 3 ヤケド防止編 思わぬ場所でのヤケドに注意

ツーバーナーやランタン、BBQ、焚き火など、キャンプはあらゆるシーンで火を使うレジャー。子どもには、火のまわりでは十分に気をつけなければいけないと伝えておく必要がある。

しかし、いくら注意をしていてもヤケドにつながることがある。そのようなことを想定して、できるだけ予防対策を行っておこう。キャンプでは“念には念を”が大切だ。

» ハイブリッドスタイルな卓上BBQ

ハイスタイルとロースタイルのダイニングを並べた「ハイブリッドスタイル」。大人はハイスタイルで卓上BBQをし、子どもはロースタイルで料理を取り分けてもらえば、子どもが不用意にBBQグリルを触ってしまう危険もない。

Scene 4 毒虫編 子どもを毒虫から守る!

蚊、ブユ(ブヨ)、アブ、マダニなどの毒虫から身を守るには、虫除けは欠かせない。まめに塗って刺されないようにすることが大事だ。

しかし忌避成分「ディート」を含む虫除けは「6カ月未満の乳児には使用しないこと」「6カ月以上2歳未満は1日1回」「2歳以上12歳未満は1日1～3回」などと決められている。子どもに使う場合は注意が必要だ。

忌避成分が「イカリジン」なら年齢制限なく使えるし、ディートと同等の効果がある。ただし効果がある虫は「ディート」より少なく、蚊・ブユ・アブ・マダニの4種類。子どもの年齢に合わせて選んでみよう。

» 安心な虫除けを手作りしてみよう

小さな子どもに市販の虫除けを使うのが不安という人は、虫除けを手作りしてみよう。ハッカ油10～20滴＋エタノール20mℓ＋精製水80mℓでできあがり。入れる容器は、ポリスチレン製だと溶けてしまうので気をつけよう。

» ポイズンリムーバーは必携

もし刺されたら「ポイズンリムーバー」で毒を吸い出す。とくにブユに刺されると、大きく腫れることもあるので、刺されたらすぐに吸引したい。子どもの指先など細い場所でも吸引できるように細口のものを選ぼう。

》焚き火の足元は暗くて危険

焚き火の近くは火で明るいぶん、足元は真っ暗。そこに薪の束などが置かれていると、気づかずにつまずくこともある。しかし、足元にLEDランタンを置いておけば、つまずいて焚き火に突っ込むこともなくなる。

》着火剤は点火直前に使おう

チューブタイプのジェル着火剤は、絞り出して日の当たる場所に置いたままだと、温度が上がってアルコール成分か気化する。そんな状態で着火すると、爆発を起こして危険だ。着火剤は着火直前に出すようにしよう。

Scene 5 デコライト活用編 デコライトは飾りだけじゃない！

サイトを飾るためのデコレーションライト。「ハロウィンキャンプやクリスマスキャンプでは使うけれど、それ以外では出番が少ない」とか「夜遅くなると、まわりの目が気になってすぐに消灯してしまう」なんていう人は多いかもしれない。購入したのはいいけれど、使用頻度が少ないという人は、けっこうたくさんいるのではないだろうか。

しかし、装飾用とはいっても照明なのだから、使わないのはもったいない。そこでここでは、実用的な使い方を紹介。物置にしまい込まずに持ち出してみよう。

》常夜灯があれば夜のトイレも安心

テント内の出入り口付近にデコレーションライトを吊しておけば、子どもが夜中に起きてトイレに行くときも、薄ぼんやりと足元や出入り口の場所が見えるので安心。親も寝ている子どもの様子が確認できて便利だ。

》張り綱に付けて転倒防止に

タープの張り綱に足を引っかけて転倒するというのは、大人でも子どもでもよく聞く話。しかし、動線付近にある張り綱にデコレーションライトを巻き付けておけば転倒防止になる。ただし使うのは防水モデルにしよう。

季節の移り変わりを味わいつくすための

秋キャンプ攻略マニュアル

「秋がいちばんのキャンプシーズン!」という人がいるほど、秋は魅力いっぱいのシーズン。
そんな“秋キャンプ”におすすめの楽しみ方やアイテム、注意点などを紹介していこう!

秋ならではの魅力を堪能する「秋キャンプ」

家族一緒にまとまった休みが取れるゴールデンウィークや夏休みが、キャンプのオンシーズンだと言われることが多いけれど、本当のベストシーズンは秋だと考える人も多い。

そう言われる要因のひとつは〝過ごしやすさ〟。春のようにスギ花粉に悩まされることもなければ、夏のように猛暑や酷暑といった暑さもない。また蚊やブユのような吸血虫が姿を潜めるので、本当にリラックスできる。そして涼しくなるから、焚き火も思う存分楽しめるというわけだ。

さらに「収穫の秋」でもあるので、味覚狩りも楽しみのひとつとなる。自分で収穫した野菜や果物を使ってアウトドア料理を楽しめば、今まで以上にキャンプのご飯がおいしく感じられ

TEXT／牛島義之　PHOTO／佐藤弘樹　撮影協力／ボスコオートキャンプベース

キャンプ場の選び方

Point 1 秋を楽しめるキャンプ場を選ぼう

秋の気候や自然を楽しむだけでもいいけれど、秋だからこそ楽しめる「紅葉狩り」のできるキャンプ場や、体が温まって熟睡できる「温泉施設」があるキャンプ場、ハロウィンパーティーや大収穫祭など秋ならではの「イベント」があるキャンプ場を探してみるのもおすすめ。きっと印象に残る秋キャンプになるはずだ。

落葉樹の多いキャンプ場は紅葉も楽しめる。

Point 2 注意！冬季閉鎖のキャンプ場は寒い

11月下旬から春までのあいだ閉鎖するキャンプ場は、冬に水道が凍ったりするほど冷え込むこともある。そんなことを考えると、秋キャンプでも通年開設のキャンプ場に比べて冷える可能性が高い。帽子や手袋、フリースなどの中間着といった防寒装備をしっかりと準備して出かけよう。

冬期閉鎖のキャンプ場は水道が凍ることも。

帽子や手袋などの防寒装備は必携。

るはずだ。自分で収穫しなくても、道の駅などには地元の旬の食材が並ぶ。新そばや新米もこの季節なので、それを目当てにキャンプへ出かけるのも、また楽しい。

また「紅葉狩り」が楽しめるのも秋ならでは。紅葉する落葉樹が多いキャンプ場を選べば、真っ赤に紅葉した木々を眺めながらのキャンプも楽しめる。

ただし日中は暖かくても、朝晩の冷え込みは厳しくなるので、防寒装備は万全にして出かけよう。薄手のジャケットはもちろん、フリースなどの中間着も準備しておきたい。また標高の高いところにあるキャンプ場に出かける場合は、大げさかなと思っても、真冬の装備を準備していくようにしよう。そうすれば、天候の悪化などで想像以上に寒くなっても安心だ。

持ち物の再チェックをしておこう

Point 3 ガスカートリッジは寒さに弱い

■カセットガスカートリッジ
OD缶と同じLPガスを封入しているが、内圧が低く外気温の影響はOD缶よりも受けやすい。

■アウトドアガスカートリッジ
スイッチひとつで点火できる手軽さが魅力だが、気温が低いと気化熱の影響で火力が低下する。

■ホワイトガソリン
気温が低くても安定した火力が得られる。ただしポンピングでタンク内の圧力を上げる必要がある。

アウトドアガスカートリッジ（OD缶）やカセットガスカートリッジ（CB缶）を燃料とする燃焼器具は、気温が低くなると気化熱の影響でカートリッジが冷え、火力を得にくくなる。冷え込む秋口の夜などは、バーナーの火力が落ちたり、ランタンの光が暗くなったりすることも。CB缶のほうがOD缶よりも寒さに弱いので、ガス器具ならOD缶モデルを選ぼう。ガソリンモデルなら寒さに強いので、不安な人はガソリンモデルを準備しよう。

マイクロレギュレーター搭載モデルなら、気温が低くても火力をキープ。

Point 4 キャンプ場のレンタルをチェック

「自分のシュラフでは寒いかも……」と心配な人は、キャンプ場に毛布やシュラフのレンタルがあるかどうかチェックしておこう。キャンプ当日、寒くて寝られるかどうか不安になったら、レンタルの毛布やシュラフを自分のシュラフと重ねて使うのもありだ。冬用シュラフのレンタルがあれば、そちらを借りてもいい。ただし、当日に言っても借りられないこともあるので、事前にレンタルが可能かどうかを確認しておこう。

レンタル品が充実しているキャンプ場を選ぼう。

どのようなシュラフが借りられるのかも確認しておくといい。

万が一に備えて準備をしておくのが大切

Point 5 スズメバチが凶暴になるのは秋

スズメバチは7～10月にかけて活発に活動するが、とくに攻撃的なのが秋。新女王バチが羽化し、たくさんのエサが必要な時期にも関わらず、エサとなる昆虫が少なく気が立っている。香りの強い化粧品や香水、甘いにおいのお菓子やジュースにも寄ってくることがあるので、香水は付けず、お菓子やジュースはこまめにしまっておこう。もし刺されたらその場から50m以上離れ、患部を水洗いしてポイズンリムーバーで毒を吸い出し、ステロイド軟膏や抗ヒスタミン軟膏を塗って直ちに病院へ。

飲み物はフタ付きのカップ、お菓子は密閉袋に入れるように。

ステロイド軟膏やポイズンリムーバーは必携。

Point 6 夏とは違う紫外線に注意

真夏に比べると紫外線量は減るものの、9～10月は初夏と同じくらいの紫外線が降り注ぐ。また、秋は太陽の位置が低いため、日差しは斜め上から降り注ぎ、首筋や顔全体にまんべんなく当たることになる。日焼けが気になる人は、夏と同様、日焼け止めを準備しておこう。日焼けをすると疲れやすくなり、ケガにつながることもあるので注意しよう。

日焼け止めやアームカバーを準備しよう。

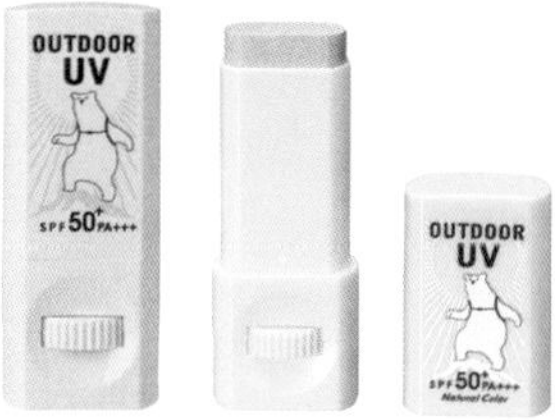

塗りやすいスティックタイプの日焼け止め。虫除け成分配合なので、虫の多い季節も安心。

子どもと一緒にクラフト&料理を楽しもう

Point 1 子どものクラフトや料理はロースタイルで

ローチェアなら座面が低いので、小さな子どもでも地面に足が届く。

子どもでも足が地面にしっかりと届くように「ロースタイル」でクラフトや料理を楽しむようにしよう。

子どもと一緒に料理やクラフトを楽しむときは「ロースタイル」がおすすめ。子どもは背が低いので「ハイスタイル」では足が地面にしっかりと届かず、姿勢が悪くなったり不安定になったりして細かい作業がしにくくなるからだ。刃物を使う料理やクラフトであれば、ケガなども余計に心配。くれぐれも無理な姿勢で作業をさせないようにしよう。ローチェアでも心配な小さな子どもの場合は、ピクニックシートにローテーブルの「グランドスタイル」なら転倒の心配もなく安心。

Point 2 100均アイテムで簡単クラフト

秋のフィールドには、ドングリや松ぼっくりなどの木の実、紅葉した枯れ葉など、さまざまなものが落ちている。これを使ってクラフトを楽しめば、秋キャンプの思い出を持ち帰ることができる。「でも、クラフトは難しそう……」という人がいるかもしれないが、実は思ったよりも簡単。100円ショップで売っているフォトフレームやブリキフレームに、木の実などを木工用ボンドで貼り付けるだけ。これで立派な作品が出き上がる。

木工用ボンドとナイフを持参して、材料は現地調達!

フォトフレームなどに木の実や枯れ葉、小石などを貼り付ければ作品の完成。

学びと楽しみがいっぱいの焚き火で遊ぼう

Point 3 焚き火ならではの体験をしよう

焚き火を遊びつくせば、知らぬ間にいろいろなことが学べる。

気温が下がって涼しくなる秋は、焚き火にうってつけのシーズン。でもせっかく焚き火をするのだから、暖を取るだけでなく、子どもと一緒にもっと楽しんでみたい。そこで紹介したいのがステージ別の楽しみ方。まずはファイヤースターターを使って天然素材だけで「火おこし」。上手に火がおきたら炎で「焼きマシュマロ」。そして炎が落ち着いてきて熾き火になったら「焼きイモ」を楽しむ。これで思う存分、焚き火が楽しめるはずだ。

熾き火で!

焼きイモ

薪が熾き火になったら、アルミホイルで包んだサツマイモを突っ込んで焼きイモに。サツマイモは弱火でじっくり焼くと甘くなる。

炎で!

焼きマシュマロ

炎が安定したら、串に刺したマシュマロを焼いてみよう。マシュマロは遠いと焼き色が付かず、近いと焦げてしまうので慎重に。

着火で!

火おこし

麻ヒモをほぐしたものと、松ぼっくりやスギの葉などを着火剤に使って、ファイヤースターターで火おこし。難しいからおもしろい!

Point 4 コットンブランケットで穴あき防止

焚き火を楽しんでいるときには、飛んでくる火の粉に要注意。化繊のウエアは火の粉に触れると簡単に穴が空いてしまう。しかしコットン製のブランケットをかけていれば、火の粉からお気に入りのウエアを守ってくれる。コットンは火に強い素材なので、火の粉が少々触れたぐらいでは焦げたりしないので安心だ。ブランケットの用意が難しいようなら、コットン製のズボンやジャケットを着ていれば、穴が空く心配はない。

化繊ウエアを着ているときはコットン製ブランケットで穴あきを防ぐ。

化繊は火の粉が触れると簡単に穴が空いてしまう。

Point 5 焚き火の足元にはLEDランタン

夜の焚き火では、炎がとても明るいので足元は暗くなりがち。そんなときに、足元にある薪などに気が付かず、子どもがつまずいて焚き火の上に転んでしまったら大変だ。そんなことにならないよう、焚き火のそば、とくに薪などが置いてあるところにはLEDランタンを置いて、足元がよく見えるようにしておこう。お酒を飲んでほろ酔いになっているお父さんの安全のためにも、ぜひ準備しておこう。

焚き火の下まわりは暗くなりがちなので、LEDランタンで足元を照らそう。

LEDランタンは小振りなモデルでもOK。

Point 6 サイトに落ちた枯れ葉に注意

サイトに落ち葉の多くなる秋は、焚き火をするときにも注意が必要。乾燥した落ち葉に火の粉が飛んだり、薪が焼け落ちて枯れ葉に火が付いたりしたら、大変なことになる。サイトに枯れ葉がたくさんあるときは、周辺の落ち葉をきちんとどかし、焚き火シートを敷くなどして、枯れ葉に火が燃え移らないように注意しよう。また陣幕などの風防で焚き火を囲んで、火の粉が飛ばないようにするのもひとつの方法だ。

枯れ葉が多いサイトで焚き火をする際は十分に注意しよう。

起きているときの防寒装備

Point 1 リビングを秋キャン仕様に

日中は暖かくて過ごしやすいけれど、日が落ちると気温が徐々に下がって、寒さを感じるようになるのが秋キャンプ。そこで、夏まで使用していたチェアやベンチ、テーブルにアイテムをプラスして、気温が下がっても快適に過ごせる“秋キャン仕様”にしてみよう。チェアやベンチは、カバーをかけることで腰まわりの冷えを防止。腰まわりを温かくすれば、体全体も温かく感じられる。そしてテーブルには火鉢代わりにBBQグリルをセット。炭をおこして暖を取れば、思った以上に暖かく過ごすことができる。もちろん卓上BBQもOKだ。

夏キャン仕様

■チェア：ロゴス／ LOGOS Life ダイニングチェア（ブラウン）
■ベンチ：キャプテンスタッグ／ CSブラックラベル アルミ背付ベンチ
■テーブル：テントファクトリー／ スリムエックステーブルBQ

プラスαで

秋キャン仕様

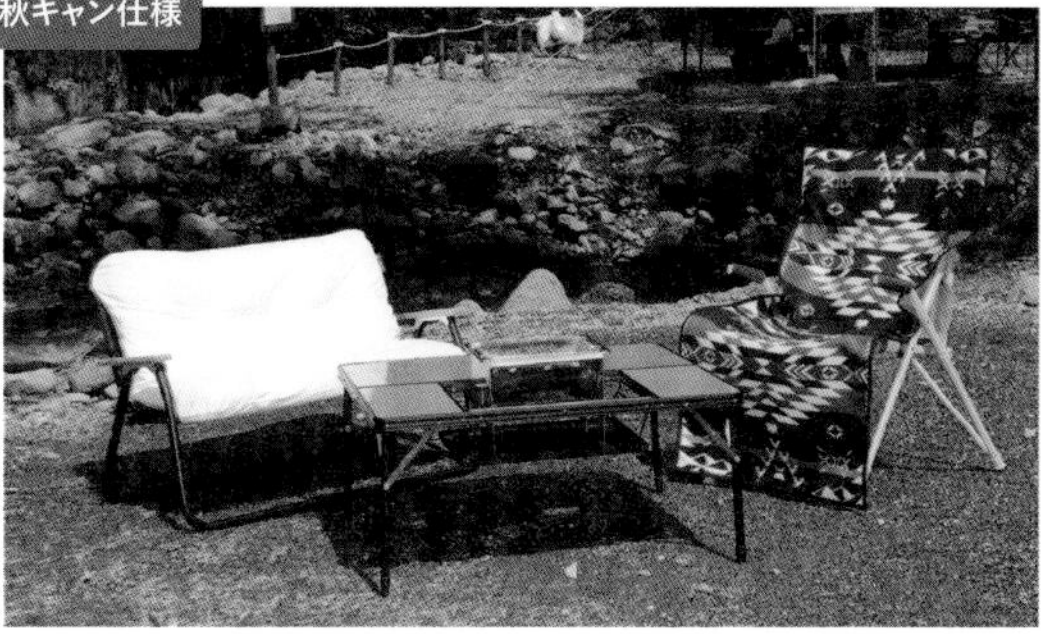

■ロゴス／フリースチェアカバー（LOGOS LAND）
表地はフリース、裏地はアルミ蒸着が施された断熱仕様。長めの設計なので足元の冷えも防いでくれる。

■キャプテンスタッグ／アルミ背付ベンチ用 リラックスクッションカバー
アルミ背付ベンチ専用のクッションカバー。厚手のクッションなので暖かさと座り心地もアップ。

■テントファクトリー／ FDグリル32ステンレス
フラットに収納できる、組み立ても簡単な卓上BBQグリル。ロストル使用で鍋も載せられるタフさが魅力。

Point 2 汗冷えせず保温性があるウエアでレイヤリング

気温に合わせて簡単に脱ぎ着できるウエアを選ぼう。

日中は暖かく、朝夕は寒い秋キャンプでは、ウエアを上手に重ね着することで温度調節ができるようにするのが基本。いちばん下に速乾性のアンダーウエア、その上には薄手フリースなどのミッドウエア、外側には風を通さないアウターウエアを着ることで、変わりやすい気温に対応しよう。ミッドウエアから上は、脱ぎ着しやすいフロントジップがおすすめ。

Point 3 温かいもので体の中から暖まる

焚き火やウエアで暖まるのも必要だけれど、温かいものを飲んで体の中から暖を取るのも、秋キャンプにはおすすめだ。ホットドリンクを保温ボトルに入れておけば長時間保温できるので、時間が経っても温かいまま飲むことができて便利。また気軽に温め直しができるシェラカップやマグカップも、寒いときには重宝するアイテムなので準備しておきたい。

■SOTO ／サーモスタッククッカーコンボ
750mℓ、400mℓ、350mℓのマグカップを組み合わせて使用。350mℓと400mℓマグを組み合わせると二重構造になり保温性がアップする。

750mℓマグはコジーとフタが付いているので、飲み物やスープなどを保温することができる。

Point 4 電気の力で暖まろう

十分に重ね着をしていても、少し寒さを感じるようなときに、気軽に暖まることができるアイテムがあれば、秋キャンプはもっと楽しくなりそう。そこで活用してみたいのが、バッテリーを使って暖まれるアイテムだ。スイッチひとつで暖まれるのでとっても簡単だし、火を使わないので火気厳禁の場所でも安心して利用できる。コンパクトで持ち運びもできるアイテムなら、キャンプはもちろん、ピクニックやスポーツ観戦などでも活躍しそうだ。

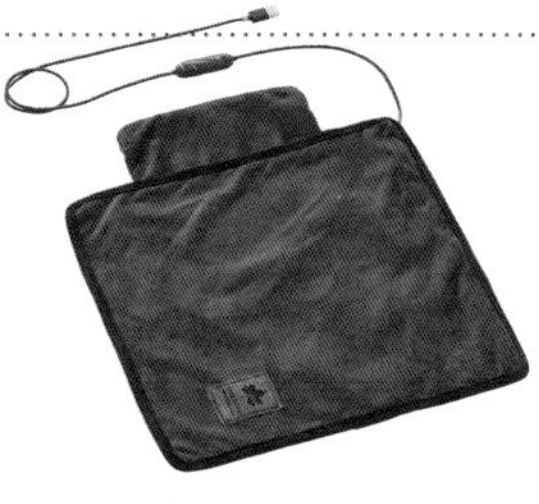

■ロゴス／ヒートユニット・ミニシート
市販のモバイルバッテリーにつないでチェアに敷くだけで気軽に暖が取れる。低温モードで約3時間使用可能。

給湯器付きの炊事棟は洗い物も楽にできる。

Point 5 フィールドでお湯が出れば洗い物も楽

炊事棟に給湯器があるキャンプ場ならいいけれど、水しか出ない場合は油汚れが落としにくい。とくに気温が低くなる秋口は水温も下がってしまうので、油が冷えて固まり、かなり落としにくくなる。それをしっかり落とそうと思うと洗剤の量も増えてしまうので、エコロジーの面でも抵抗を感じてしまう。そんなときにあると便利なのが、サイトでお湯が使えるようになるアイテムだ。こんなアイテムがあれば洗い物も簡単だし、自然にも優しくできる。

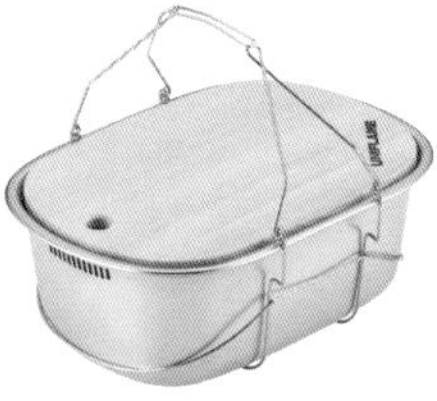

■ユニフレーム／フィールドキャリングシンク
食器などを運べるだけでなく、直接火にかけてお湯を沸かすことができるので、洗い物が楽にできる。

寝ているときの防寒も忘れずに

Point 7 厚さ10㎝の分厚いインフレーターマットがトレンド

寒い季節の睡眠では、地面から上がってくる冷気も大敵。せっかく温かいシュラフを用意しても、地面からの冷気を遮るものがなくては、シュラフの効果も発揮できない。やはり断熱性の高いマットが必要だ。最近は、断熱効果の高い厚さ10㎝前後のインフレーターマットが多くのメーカーから登場。エアマットのように空気が抜けにくく、電動ポンプも必要ないので便利だ。収納袋がポンプ代わりになるモデルが多いので、さらに空気を注入したいときも楽に行える。またバルブが大きいので空気が抜きやすく、収納が楽に行えるのもうれしい。

■サーマレスト／モンドキング3Dラージ

バルブが2カ所にあり空気の注入が楽に行える厚さ10㎝のモデル。ポンプになる収納袋付き。

■コールマン／キャンパーインフレーターマットハイピーク／ダブル

厚さは10㎝、幅は128㎝あるダブルサイズのモデル。ポンプとして使える収納袋付き。

Point 6 シュラフの選び方を知っておこう

秋キャンプを快適にするには、シュラフ選びが重要。夜寒くて寝られないことほどつらいものはない。秋キャンプをつらい思い出にしないために、シュラフ選び方のポイントを押さえておこう。ポイントとなるのはシュラフの「快適温度」。この気温なら快適に寝られるという目安だ。キャンプ地の最低気温からマイナス5°Cの快適温度のモデルを選べば安眠できる。

シュラフの快適温度を確認しておこう

おもなキャンプ地の最低気温

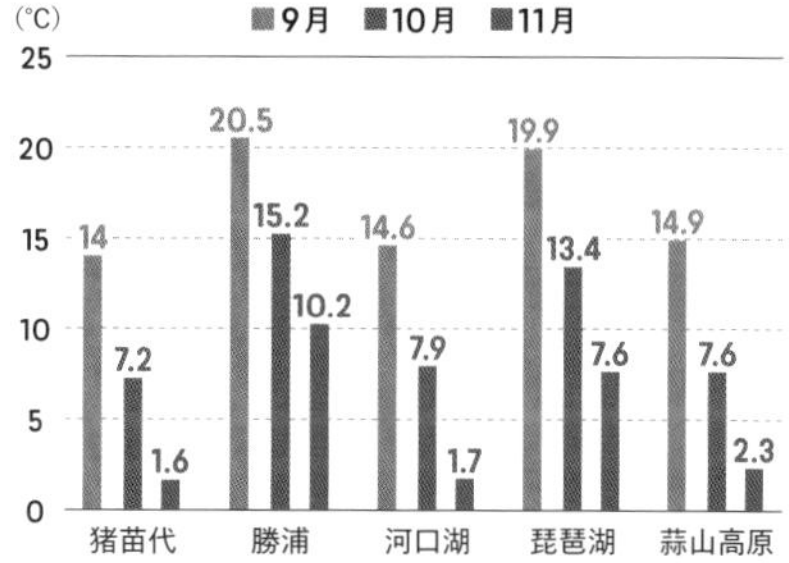

Point 8 寒いかな？と思ったらインナーを追加

持っているシュラフではちょっと寒いかもしれないとは思っても、冬用シュラフを購入するのは、経済的な負担になるから躊躇してしまう。そんな人は、リーズナブルなインナーシュラフやブランケットを追加しよう。冬用シュラフまでは温かくならないかもしれないが、標高が高いなど真冬並みの気温でなければ、秋口のキャンプにも十分対応できる。それでも寒いと感じたら、さらにフリースなどの防寒着を着て寝るのもおすすめだ。

シュラフにブランケットを入れて保温性をアップ。

冬のフィールドは思ったより寒い!

寒さに負けないための冬キャンプガイド

冬のフィールドは思った以上に寒い。防寒対策を怠っていると、冬キャンプはとっても辛い思い出になってしまう。そんなことにならないように、きちんと対策をしてポカポカな冬キャンプを楽しんでみよう!

冬のキャンプデビューで気をつけたいのは「寒さ」

キャンプデビューといえば、ゴールデンウイークや夏休みなど、暖かい季節になってからするのが一般的。しかし最近では、冬にキャンプデビューをする人も増えてきた。グリーンシーズンに比べてキャンプ場の予約が取りやすく、厳しい暑さもなければ、不快な虫もいない。そんな点から考えると、冬はキャンプデビュー向きなのかもしれないけれど、気をつけてほしいのが〝寒さ〟だ。

アウトドアの寒さを経験したことのない人が、軽い防寒装備だけで出かけてしまうと、あまりの寒さに寝られないことがある。また、気温が低い地域のキャンプ場では、日差しのある日中でも寒くてじっとしていられない、なんてこともある。

ここでは、初めての冬キャンプで失敗しないために、さまざまな防寒対策を紹介。冬ならではの基本装備や服装だけでなく、暖かく過ごすためのノウハウや便利グッズ、おすすめのスタイルなども解説していこう。これさえ押さえておけば、冬キャンプも快適に過ごせる!

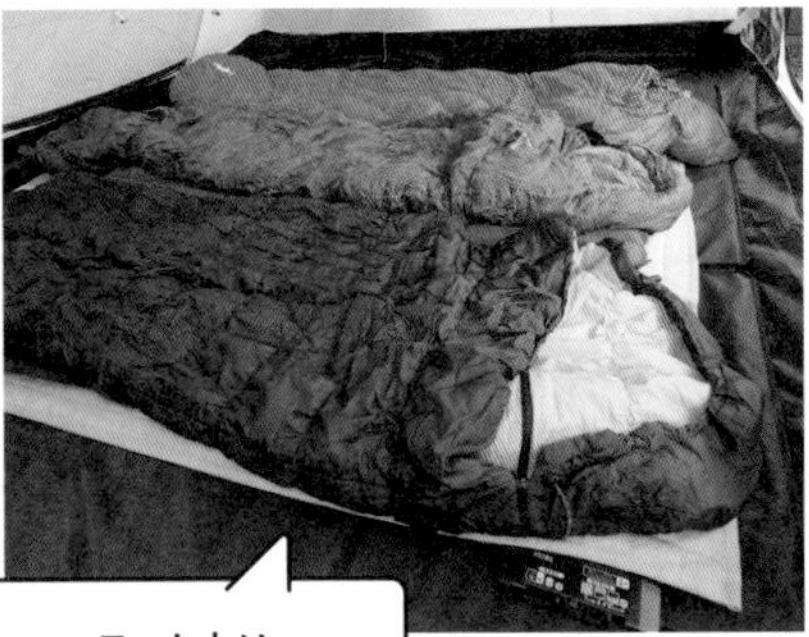

テント内はレイヤードが命!

無理せずコテージキャンプもOK!

冬キャンプに最適なテントって?
ウエアでの防寒がとっても重要!
冬は囲炉裏で鍋料理がいちばん!

寒くならない装備が大事！

冬キャンプには冬モデルがオススメ

キャンプ用品のなかには「冬用」「4シーズンモデル」などと呼ばれるものがある。そんなグッズがあれば、冬の寒さも気にすることなく、快適にキャンプを楽しめるはず！

WINTER CAMPING
テント
TENT

BEST CHOICE

4シーズンテントならより快適！

■コールマン／ウェザーマスターワイド2ルーム コクーンII
あらゆる天候に対応する大型2ルームテント。スムーズに換気を行うベンチレーションを装備。

テント内の空気を循環させるベンチレーションシステムを採用し、結露の発生を抑える。

スカート
フライシートの裾から入り込む冷気を遮断することで底冷えを低減。空気の流れを抑えることで、テント内の温度を保つことができる。

ルーフフライ
フライシート内の結露を軽減するためのフライシート。装着することで外気とテント内の温度差を小さくし、結露の発生を抑える。

テントの購入を考えるとき「ドームテント」「2ルームテント」「モノポールテント」など、タイプで選ぶ人がほとんどではないだろうか？　しかし冬キャンプを前提に選ぶなら「4シーズンモデル」と呼ばれるテントを選びたい。

では、一般的な3シーズンモデルと4シーズンモデルとでは、どのような違いがあるのだろう。ひとつはフライシートの裾に「スカート」が装備されていること。全周にスカートが装備されていれば、テント内に冷気が入り込むのを防ぎ、底冷えを抑えてくれるのだ。ただしフライシートを閉め切ってしまうと通気性が悪くなるので、内側に結露が発生しやすくなる。

もうひとつはフライシートの上にかける「ルーフフライ」。おもに2ルームテントに装備されているものだが、前室の内側に発生する結露を抑えてくれる。

3シーズンテントなら……

2nd CHOICE

厚手マットで冷気をシャットアウト

4シーズンテントより外気の影響を受けやすい3シーズンテントを使う場合は、冷気をシャットアウトできるように、テントマットとスリーピングマットに厚手のものを選ぶようにしよう。地面と体のあいだに空気の層をたくさん作ることで断熱性を高め、冷気の影響を少なくするのだ。マットを重ねるテント内レイヤードは、クッション性を高めるだけでなく、底冷えを低減させるためにも必要なテクニックだ。

テントマット

フロア全体に敷くマットはクッション性の高いモデルを選ぶ。そうすれば冷気の侵入も抑えられる。今回は「コールマン／コンフォートマスターフォールディングマット」を使用。

スリーピングマット

厚みがあるほど冷気の影響を受けにくいので、できるだけ厚手のマットを準備したい。ここで使用したのは、厚さ9cmと極厚の「ロゴス／セルフインフレートベッド」。

9cmと極厚ながら、大きなバルブにより吸排気は楽。収納袋は空気入れにもなる。

CHECK 段ボールや毛布など家にあるもので冷気を遮る！

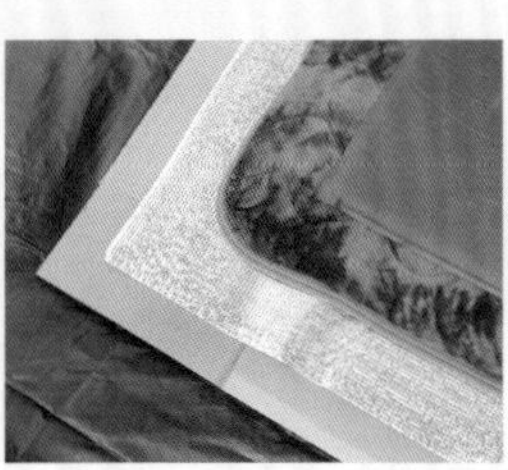

厚手マットの買い足しが難しい場合は、自宅にあるものなどを使って対応してみよう。まず無料で手に入る段ボールをフロア全体に敷き、その上にテントマットを敷く（今回は薄手の銀マット）。そして毛布など自宅にあるものなどを重ね、最後にスリーピングマットを敷く。こうすればコストをかけずに、地面からの冷気を遮ることができる。ただし荷物が少々かさばってしまうのと、断熱性が劣ってしまうのは否めない。

WINTER CAMPING
シュラフ
SLEEPING BAG

BEST CHOICE

冬用のマミー型は必須アイテム

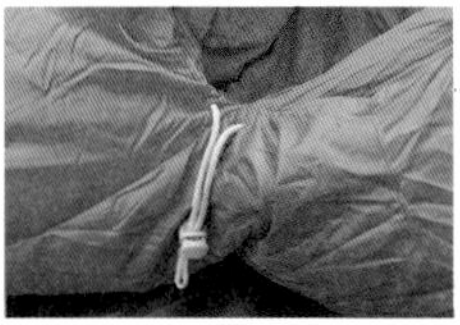

ドローコード

ドローコードを引くことでフードの隙間をなくし、顔まわりからの冷気の侵入を防ぐ。

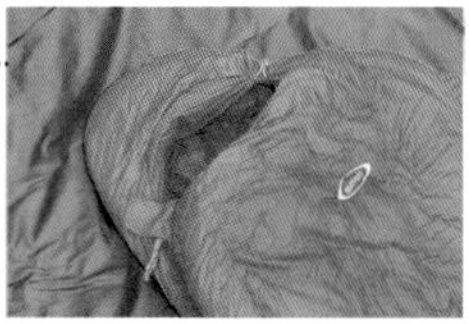

フード

体温が逃げやすい頭や顔を保温するための装備。中綿もたっぷりと入っていて暖かい。

ドラフトチューブ

ジッパー部分からの冷気の侵入を防ぐ、シュラフ内側に設けられた中綿入りのチューブ。

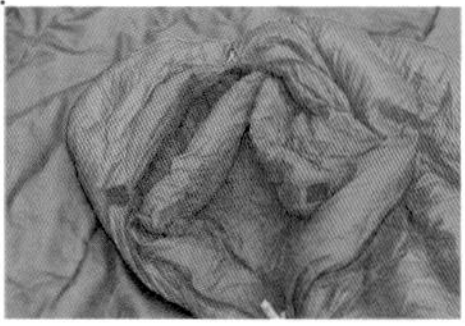

ネックバッフル

首まわりからの冷気の侵入や、内側の暖かい空気が逃げるのを防ぐ中綿入りのチューブ。

■モンベル／アルパイン ダウンハガー 650 #0

冬山でも使用できるコンフォート温度-7℃のダウンシュラフ。独自の伸縮機能で保温力抜群

収納サイズはこの差！

中綿がダウンの「アルパインダウンハガー 650 #0」（左）と化繊の「バロウバッグ #0」（右）で、収納サイズはこれだけ違う。荷物を小さくするならダウンがおすすめだ。

冬キャンプで絶対に妥協してはいけないのが「シュラフ」。キャンプ地の気温にあったシュラフでないと、寒さで寝られないこともある。選ぶ際はシュラフの対応温度域をチェック。「コンフォート温度」や「快適温度」と呼ばれる温度域を確認して、キャンプ地の最低気温より低いものを選ぼう。オススメのモデルは、暖かく寝るための機能が装備された冬用マミー型。荷物をコンパクトにしたいなら、中綿は化繊よりもダウンを選ぼう。

「マミー型より布団のようで寝やすい封筒型のほうがいい」という人は、冬用の封筒型もあるので、こちらを選んでみるのもあり。コールマンのモデルは3枚重ねることで寒さに対応。スノーピークのモデルは、分厚い掛け布団とマットを組み合わせることで寒さに対応している。ただしこのような冬用の封筒型は、中綿がたっぷりと入っていて大きいものが多いので、そのぶん収納サイズが大きくなり、荷物もかさばってしまう。

封筒型なら……

2nd CHOICE

分厚い冬用なら安心!

すべてのレイヤーを組み合わせると快適温度-5°C／使用下限温度-11°Cになる。

■コールマン マルチレイヤー スリーピングバッグ0

3つのレイヤーの組み合わせを変えることで、快適温度-5°C、5°C、12°Cの3タイプが作れる4シーズンモデル。中綿には化繊を採用。

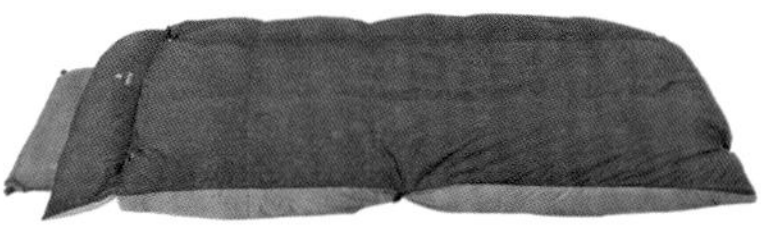

■スノーピーク グランドオフトン シングル1000［下限温度-15度］

中綿たっぷりの掛け布団と厚さ5cmのインフレータブルマットを組み合わせた新発想のシュラフ。中綿にはウォッシャブルダウンを使用。

肩口からの冷気の侵入を防ぐダウンチューブを装備。内側の暖かい空気も逃がさない。

CHECK 冬キャンプの防寒はウエアから

帽子

ニットやフリースなど、保温力の高い帽子がおすすめ。耳が隠れるものだとさらに暖かい。

アウター

防風性や撥水性のあるジャケット&パンツ。ジャケットのジップアップモデルは脱ぎ着が簡単なので快適だ。

中間着

アンダーシャツとアウターのあいだに着る、フリースやダウンなど保温性の高いウエア。

アンダーシャツ

いちばん下に着るウエアで、保温性が高く、汗をかいてもすぐ乾く速乾素材がオススメ。

グローブ

中綿入りやフリース素材が暖かい。ただし火を扱うときは穴が開くこともあるので注意。

アンダータイツ

パンツの下にはく保温性の高いタイツ。冷える日は厚手のパンツと合わせるとなお暖かい。

ウインターシューズ

足元が冷えると体全体が冷えるので、中綿入りなど寒さに強いシューズを選ぶようにしよう。

それでも寒いときはウエアを着込んで

思いのほか冷え込んで寒いときは、防寒着を着用して寝ると暖かい。とくに封筒型は、寝ているときに肩口が開きやすいので、首から肩まわりが冷えない工夫をしておこう。ダウンウエアを着ていれば、寝返りを打っても安心だ。

冬キャンプをもっと快適に！

プラスαアイテムでさらに暖かく

ウエアやシュラフなどの基本装備をしっかりそろえたら、プラスαの装備を整えて、さらに暖かく快適なキャンプを楽しもう。自分のスタイルに合ったノウハウが見つかるはず！

WINTER CAMPING
焚き火
BONFIRE

炎を楽しむなら シンプル焚き火スタイル

コンパクトにたためる焚き火台。クルマに載せてもかさばらない。

■ キャプテンスタッグ／CSブラックラベル ヘキサステンレスファイアグリル

焚き火はもちろん、BBQやダッチオーブンを載せての料理など、幅広く使える焚き火台。

メリット
- ○ 揺れる炎を見ていると癒やされる
- ○ 収納サイズがコンパクトになる
- ○ 使用後のメンテナンスが楽

デメリット
- △ 火床が高いので足元が寒くなりがち
- △ 火の粉が飛んで服などに穴が開くことも
- △ 煙に包まれて煙い思いをすることがある

「キャンプといえば焚き火」というくらい、焚き火を楽しむキャンパーが増えている。火のエネルギーはやはり大きく、ひとたび薪が燃え上がれば、どんな暖房器具よりも暖かい。しかし、ここへきて、注目度が上がっているのが薪ストーブだ。内部で薪を燃やし、ボディが高温になると遠赤外線を放出。焚き火と違って炎はあまり見えないが、焚き火と同じかそれ以上に暖かい。どちらにもメリット、デメリットがあるので、それを考慮してどちらがいいのか考えてみよう。

脚の高さは2段階、煙突の長さは3段階に調節できる（写真は脚がロー、煙突はミドル）。

料理にも大活躍する
薪ストーブスタイル

本体にすべてのパーツが入るが、それでも焚き火台より大きい。

■キャプテンスタッグ／KAMADO煙突 角型ストーブ
大小2つのゴトクで調理ができ、焼き網がセットできるのでBBQも楽しめる。

メリット
- ○ 火が覆われているので火の粉が飛んでこない
- ○ 煙突があるので煙に包まれない
- ○ かまど感覚で手軽に料理が作れる

デメリット
- △ 収納サイズが大きくなってしまう
- △ 炎がよく見えないので火を楽しみにくい
- △ 使用後のメンテナンスが大変

CHECK　心配なら、まずはコテージキャンプもOK！

マット
インフレーターマットなどを座布団代わりにするとお尻が冷えない。

テントソックス
靴を脱ぐと足が冷えるので、中綿入りや厚手のソックスを準備しよう。

ミニテーブル
小さなテーブルがあれば、飲み物や食べ物が置けるので便利。

コテージのあるキャンプ場は全国に多いが、その設備内容はさまざま。事前に確認しよう。

室内にストーブがあるコテージであれば、冬も安心。キャンプ場が定める使い方で安全に。

寒い時期でもうれしエアコン設備があるコテージも。季節を問わず、室内は快適空間。

寒い中でのテント泊は不安だという人は、暖房のあるコテージで冬キャンプを楽しんでみよう。日中は外で過ごして、寝るときだけコテージを使用すれば、冬キャンプの醍醐味を十分に味わえる。ただし貸別荘のような充実した設備の施設ではなく、シンプルな施設の場合は、暖房があっても底冷えする場合もある。そんなときはテントソックスをはいて足元を保温。また床に座るとお尻が冷えるのでテントマットを座布団代わりにするのもいい。飲み物や食べ物を置けるミニテーブルがあれば、より快適。

囲炉裏スタイルで鍋料理を

■キャプテンスタッグ／
CSブラックラベル 焚火　三脚
重いダッチオーブンも吊せる頑丈な三脚。付属のチェーンは長さ調節が可能。

■キャプテンスタッグ／
ダッチオーブン セット〈30cm〉
ダッチオーブン、リッドリフター、バッグのセット。他に買いそろえるものがなく便利。

■キャプテンスタッグ／
CSクラシックス
ヘキサグリルテーブルセット〈137〉
焚き火台のまわりに囲炉裏のようにセットできるテーブル。組み立ては板を組むだけと簡単。

食事をするリビングと焚き火空間を一緒にした「囲炉裏スタイル」なら、焚き火で暖を取りながら、その火で調理もできてしまう。そんな一石二鳥スタイルでのおすすめメニューは、お皿にとっても冷めにくく、食べれば体の中から温まる鍋料理。冬にぴったりのスタイルだ。

CHECK 「背中が寒い」をクッションで解消!

焚き火で暖を取っていて気になるのが背中の冷え。火に向かっている体の正面は暖かいけれど、当たっていない背中は寒いのだ。それを解消してくれるのがクッション。厚手のクッションをベンチやチェアにセットすれば、焚き火の"背中が寒い問題"も解消される。

■キャプテンスタッグ／
CSブラックラベル　アルミ背付ベンチ
■キャプテンスタッグ／
アルミ背付ベンチ用　リラックスクッションカバー

こんなテーブルがあると囲炉裏のように楽しめる。

とても小さくたためるので
ジャマにならない。

■ロゴス／フリースラップシュラフ・ホピ
インナーシュラフとしても使えるフリース素材のブランケット。洗濯機での丸洗いも可能。

ブランケットがかなり便利！

冬キャンプにあると便利なもののひとつがブランケット。「薄手の布1枚あってもしようがない」なんて思う人がいるかもしれないが、使うとその暖かさがよくわかる。腰まわりが寒ければ巻き付けるだけで暖かいし、チェアに座っていて背中が寒ければかけるだけで防寒になる。また大きめのブランケットなら、シュラフのインナーとして使えば保温力がアップ。意外とあなどれない1枚だ。

チェアカバー
布1枚で作られたチェアはけっこう寒いが、ブランケットを敷くだけで暖かさを感じる。

腰巻き
腰に巻き付けるだけで、冷えやすい下半身の防寒ができる。思いのほか暖まる使い方だ。

インナーシュラフ
寝ていてちょっと寒いと思ったら、ブランケットを1枚入れるとけっこう暖かくなる。

電源サイトやバッテリーを使いこなす!

冬キャンプは電気を使いこなそう

暖かい防寒装備や焚き火などで暖を取るだけでなく、近年は「電気」を使ったキャンプも当たり前になってきた。そこで、ここでは注目の電気を使ったキャンプスタイルを紹介!

ホットカーペットを使いこなそう!

AC電源に電源コードをつなぎ家電に接続。テーブルタップがあれば複数使えるが消費電力に注意。

インナーテントに電源コード引き込み口が装備されたテントは、意外とたくさんある。

キャンプ場によっても違うが、電源の使用料は1泊500 ～ 1000円ほど。

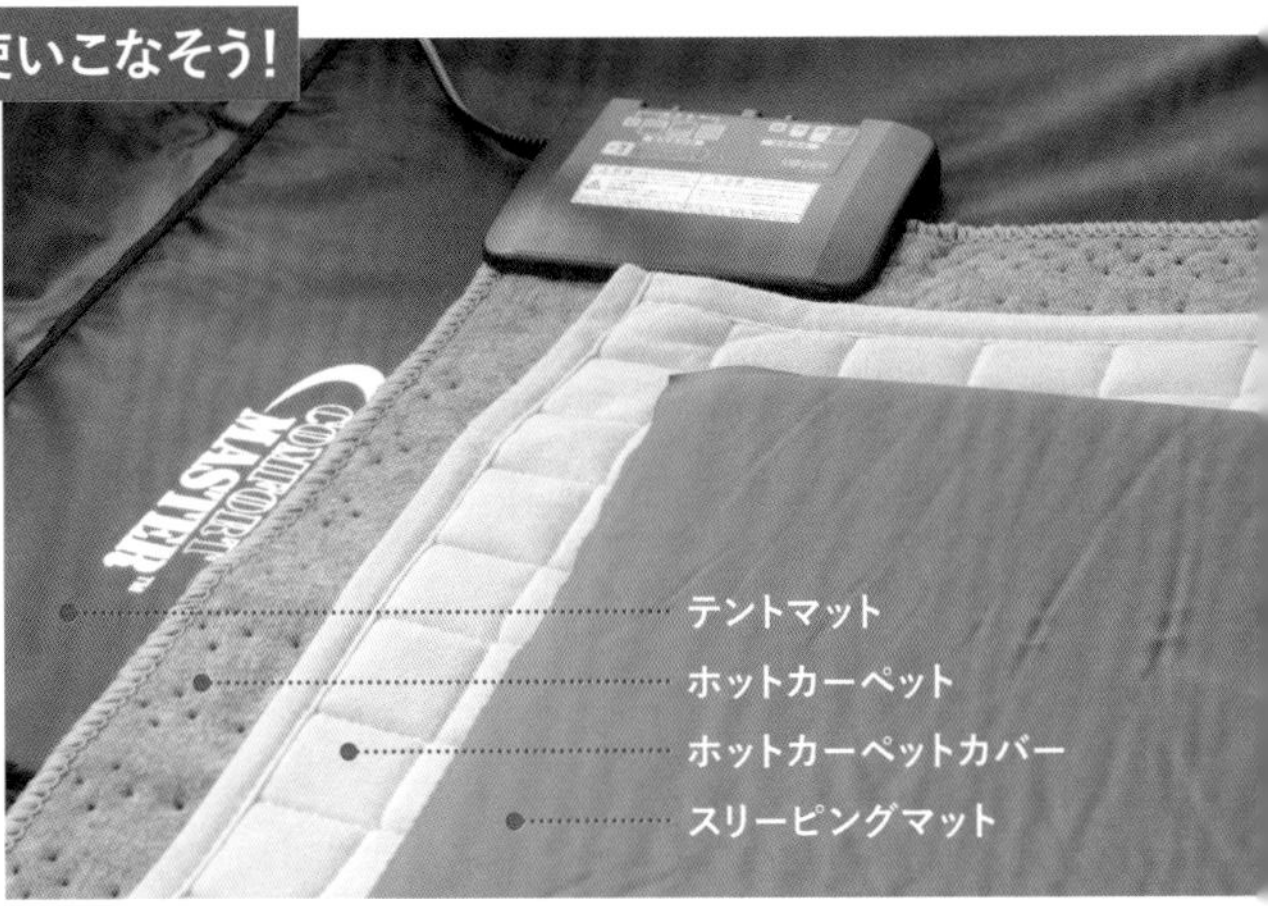

2畳用のホットカーペットを敷くとこんな感じ。2 ～ 3人が並んで寝られるぐらいの広さだ。

キャンプ場のAC電源付きサイトがいちばん活躍する季節といえば冬。ホットカーペットや電気毛布などの暖房器具が、家にいるように気軽に使える。そんなニーズを反映して、最近は電源コード引き込み口のあるテントも多い。暖房器具のなかでいちばん人気があるのはホットカーペット。これをどのように使うのかというと、まずテントフロアの上にテントマット、そのうえにホットカーペットを敷き、ホットカーペットカバー、スリーピングマットの順に重ねよう。

POINT 1

コード必須!
防水仕様の電源コードを準備しよう

ＡＣ電源から電気を引き込むには電源コードが必要だ。コードを巻き取れるコードリールでもいいし、リールのない延長コードでもＯＫ。ただし水濡れや耐久性を考えて、どちらも屋外用の防水モデルを選ぶようにしたい。電源コードの長さは、キャンプ場のＡＣ電源がある場所にもよるが、10mタイプを用意しておくと安心だ。またキャンプ場によっては、電源コードのレンタルもあるので、事前にチェックしておこう。

■スノーピーク／フィールドコードリール
広いサイトでも余裕の20mコードリール。1500Wまでの利用が可能だ。

コンセント部分は雨の侵入を防ぐ防雨キャップ付き。

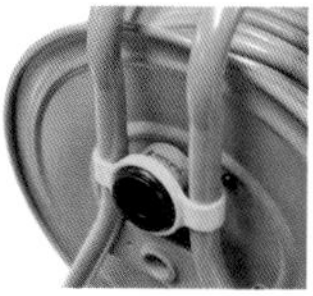

家電のプラグを防雨仕様にできるプラグカッパー付き。

いざというときに使えるアイテムとしてクルマに常備しておくと安心。有料でレンタルできるキャンプ場もあるので、予約時に確認。

POINT 2

上限注意!
キャンプ場のAC電源は何でも使える?

サイトにＡＣ電源が付いていると便利だが、どんな家電でも使えるわけではない。というのも、ＡＣ電源は使用できるワット数が決められており、それを超えて使用するとブレーカーが落ちてしまう。キャンプ場によっても違うが、使用できる上限はおおよそ１０００Ｗ。なので事前に、使いたい家電の消費電力を確認しておこう。

各電源にブレーカーがない場合、キャンプ場全体のブレーカーが落ちてしまうことも。

おもな電化製品の消費電力目安

電化製品	消費電力
ホットカーペット(2畳用)	500W
電気毛布	40W
セラミックヒーター	1200W
コタツ	600W
ドライヤー	1200W
ホットプレート	1300W

ホットカーペットで
こたつリビングを作ろう

■ロゴス／こたつ布団シュラフ12060
テーブルにかけるとこたつになるシュラフ。中央部分を外すとテーブル天板が利用できる。

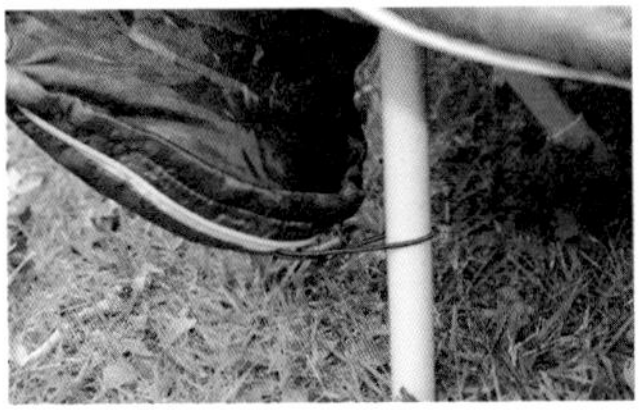

四隅のループをテーブルの脚に通しておけば、まちがってシュラフを引っ張っても落ちない。

2ルームテントの前室にこたつリビングを作れば、まさに冬の和室といった風情だ。

取り外した中央部分は、チェアに敷いて防寒用クッションとしても使用が可能。

薪やガスなどの燃料では楽しめない、電気ならではの暖房といったらやっぱり〝こたつ〟。本物のこたつを持っていってもいいけれど、それでは荷物が多くなりすぎるので、こんなスタイルをおすすめしたい。それが「ロゴス／こたつ布団シュラフ12060」を使った〝こたつリビング〟だ。スクリーンタープや2ルームテントのリビングにフロアシート、ピクニックシート、ホットカーペット、ホットカーペットカバーの順に敷き、そのうえにこたつ布団シュラフをセットしたテーブルを載せれば完成。暖かすぎて動けなくなることまちがいなしだ。

テーブルがハイポジションでも使うことが可能。テーブルの推奨サイズは120×60×70cm。

汚れても丸洗いが可能。持ち運びに便利な収納バッグ付きで収納サイズは約32×32×46cm。

POINT 3

サイトにAC電源がなくてもOK！

ＡＣ電源サイトがないキャンプ場でも、大容量バッテリーを使えば暖を取ることができる。ただし大容量バッテリーの容量は５００Ｗ前後なので、使える暖房は電気毛布ぐらい。とはいえスリーピングマットの下に電気毛布を敷けば、暖かく寝られる。注意点は、氷点下だとバッテリーの性能が落ちるので、保温の工夫が必要だ。

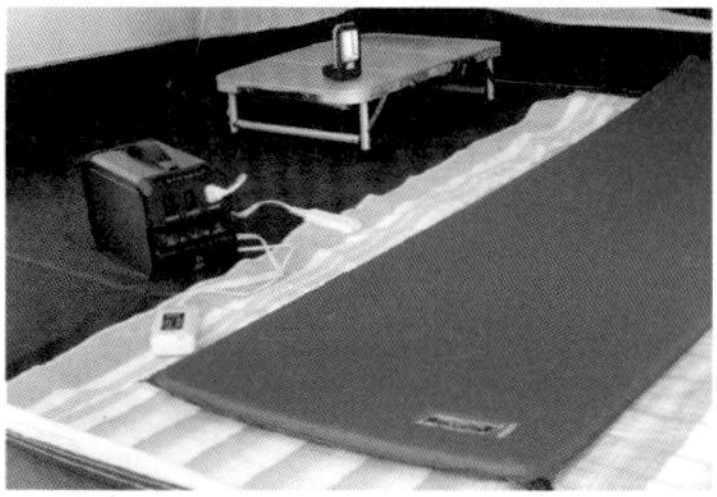

市販されている大容量バッテリーは500W前後なので、それにあった家電を使おう。

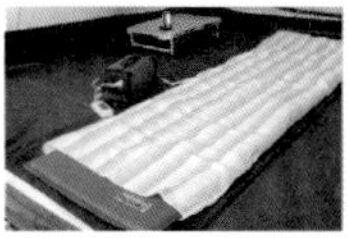

パーソナルマットに電気毛布を巻いて使うとさらに暖かい。使用する人数や枚数によって工夫したい。

モバイルバッテリーも大活躍

AC電源や大容量バッテリーを使用するよりも、もっと手軽に暖まれる電気グッズがある。それが「LOGOS ヒートユニット」シリーズだ。別売りのモバイルバッテリーに接続すれば、内蔵されたヒーターが発熱して、体を温めてくれる。キャンプだけでなく、野外のスポーツ観戦やピクニックなどにも手軽に使えそうだ。使用できるモバイルバッテリーは、5V 2A供給が可能なものなので、モバイルバッテリーを準備する際は確認しておこう。

モバイルバッテリーは付属していないので、使用の際は別に準備が必要だ。スペック確認は必須。

Chapter
3

キャンプ料理と場所

基本的なキャンプを経験したら、
次は料理と場所にこだわりたい。
時間をかけてじっくり作った本格的なアウトドア料理は、
キャンプの大きな楽しみ。
子どもが使いやすいキャンプ場選びも重要なポイント。
どちらもより快適なキャンプに欠かせない。

シーズニングから料理、お手入れまで

今さら聞けない！ ダッチオーブン完全活用術

野外料理と言えば、避けて通れないのがダッチオーブン！　焚き火に負けないタフな作りで、重いフタが食材のうまみを閉じ込めてくれる万能鍋を徹底的に使いこなそう。

PHOTO／佐藤弘樹　TEXT／大森弘恵　ILLUST／岡本倫幸
協力／エイアンドエフ、新越ワークス、新富士バーナー

DUTCH OVEN

Lesson 1

ダッチオーブンって一体どんな鍋?

素材別ダッチオーブンの特徴

Ⓐ SOTO　ステンレスダッチオーブン 10インチ
Ⓑ ロッジ　キャンプオーヴン 10インチディープ
Ⓒ ユニフレーム　ダッチオーブン 10インチ スーパーディープ

重いけれど使い勝手のいい万能鍋

もともとのダッチオーブンは鋳鉄製だが、最近は鉄板やステンレス製も登場。素材により多少特性は異なるが、共通するのは「焚き火の高温に対応」「重いフタでしっかり密閉」「フタの上から加熱できる」こと。

キャンプでは燃料が簡単に手に入るわけではない。とくにガス缶仕様のバーナーでは、メーカー違いの缶は使用不可。煮込み料理など長時間火を使う料理は燃料の計算が難しいのだが、ダッチオーブンなら焚き火に放り込んでおくだけでOK。しかも熱が均一にまわるのでローストは仕上がりがきれい。なにより、料理では水蒸気とともにうまみが逃げると言われるが、ダッチオーブンは密閉力が高いのでジューシーに!

特徴1 焚き火OKのタフな鍋

一般的な鍋では底が抜けたり、つまみなどが溶けたりすることもあるけれど、ダッチオーブンなら大丈夫。フタの上に薪を載せて、上下から加熱してもいいのでパンだって焼けるのだ。

特徴2 フタで調理ができる

フタ裏に注目。フラットならフタを裏返して鉄板料理ができる。ディンプル（突起）が付いているものは、水蒸気が食材に降り注ぎ、うまみを還元。どちらでも好みで選ぼう。

特徴3 密閉できるから うまみが逃げない

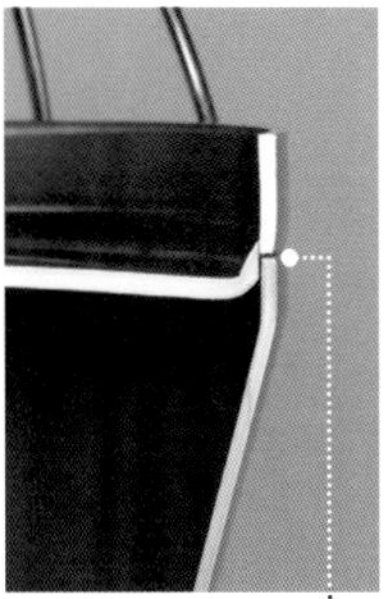

鍋とフタがピタッ。重いフタは、蒸気の力で持ち上がることはなく、炊飯では水分を少なめにしたほうがおいしく仕上がるほど。＊写真はユニフレームのダッチオーブン。

スモークのときは 隙間を作ろう

密閉性が高いので、中に入れたスモークチップが立ち消えしてしまう。小枝や菜箸などを突っ込んで、隙間を作ることでチップの火が消えずにすむ。

フタの密閉性が問われる鋳物

100年以上の歴史を持つロッジのキャンプオーヴン。鋳物で密閉性の高いフタを作るには技術が必要だが、ご覧の通り。加熱すると水蒸気が微細な隙間に入り込み、密閉性が高まるのだ。

特徴 4 重ねて同時に調理もOK

ダッチオーブンはフタの上からも加熱できる。ということは、スタンドなどを使って重ねて調理ができるのだ。これなら炭を無駄なく使い切れる！　ただし、焚き火台の耐荷重に注意しよう。

特徴 5 上下から加熱できる

フリンジ付きなので
炭をそのまま
載せてもOK

フタにフリンジ（縁）が付いていれば、そのまま炭を載せてOK。フリンジがなくても、写真のようにチャコスタを使えば大丈夫だ。スムーズにフタをあけられる利点も見逃せない。

脚なしは自宅でも使いやすい

脚がないダッチオーブンは自宅のキッチンでも使用できる。SOTOのダッチオーブンはフタの取っ手がスタンド代わりなので、そのまま重ねて収納できるかしこいシステムだ。

脚付きは焚き火の上でも大いに安定

ロッジのキャンプオーブンなど、底に脚が付いている鍋なら、別の鍋の上にそのままオン！　また、薪や炭を脚の間に置けるので、焚き火の上にそのまま載せてもがたつきが少ないというメリットも。

コレだけは守ろう！ 注意すべきポイントは5つ

バーナーの仕様を確認しよう

▶▶ダッチオーブン対応バーナーであることを確認

ガス仕様のバーナーは、ダッチオーブンや鉄板を載せて加熱すると、輻射熱で燃料缶が熱せられて危険なものもある。自分のバーナーがダッチオーブン対応かどうか、確認しよう。

▶▶ 熱い鍋に冷水をかけると割れる

熱々のダッチオーブンに水をかけると、ヒートショックで割れてしまう。雨や雪の日など、うっかり濡れた地面に置くのも割れの原因になるので注意。

▶▶ 濡れたまま放置してはダメ

鉄製のダッチオーブンは、濡れたまま放置すると錆びてしまう。洗った後は熱して乾燥。ステンレス製も早めに乾かそう。

▶▶ 食材を入れたままだと錆びる

鉄は塩、酸、水と反応して錆びが出やすい。鉄製のダッチオーブンは、料理を保存容器に移し替えてから保存しよう。

▶▶ 薄く油を塗る

鋳鉄のダッチオーブンは微細な凹凸に油をなじませることで使いやすい鍋に育つ。洗剤を使ったあとは、よく水洗いして乾燥後に薄く油を塗っておこう。

DUTCH OVEN

Lesson 2

ダッチオーブンで何を作れるの?

煮る

密閉性の高いダッチオーブンだから、水分が飛びすぎることはない。圧力鍋ほどではないが、一般的な鍋よりも短時間に柔らかく煮上がることもメリットだ。

スペアリブのビール煮

【作り方】塩、コショウで下味をつけたスペアリブ500gを熱したダッチオーブンで炒める。表面に焦げ目がついたら、ビール250ccを注ぎ、沸騰したら弱火に。フタをして30分煮込む。スペアリブにあわせて大きめに切ったカボチャ、ゴボウ、ニンジン、パプリカ、ブロッコリー、唐辛子、醤油・ケチャップ・ソース(各大さじ1)を加えて、さらに弱火で15分煮込めば完成。

煮る・揚げる・炒める・蒸すなんでもこい!

ダッチオーブンが万能鍋と言われるのは、煮る・揚げる・炒める・蒸すなどさまざまな調理法に対応することにある。「なんだそれくらい。自分のキャンプ用クッカーセットでもできるよ」と思うかもしれない。

だが、ダッチオーブンは名前の通り「オーブン料理ができる」ことが最大の特徴。これは分厚い鉄やステンレスを使用し、なおかつフタの上から加熱できるので熱が均一にまわるから。ローストビーフやローストチキンはもちろん、グラタン、パンやケーキだって作れるのだ。

ここでは5つの調理法のおすすめ料理の作り方を紹介しよう。ぜひ試してみてもらいたい。

揚げる

油は熱しやすく冷めやすい。しかも食材を入れるごとに油温は下がる。だから、温度をキープしやすいダッチオーブンは揚げ物にうってつけ！

アジア風味のからあげ

【作り方】鶏肉にニンニク・ショウガ（各大さじ1）、砂糖・醤油またはナンプラー（各小さじ1）、みじん切りのパクチー・セロリ（各大さじ1）、塩少々を揉み込み、30分漬ける。この中に卵1個と片栗粉を加えてどろっとした衣に。低めの油で中まで火を通し、最後に高温でからっと仕上げる。パクチー+レモン+チリをかけて食べる。

キャンプでも
オーブン料理ができるので
食卓が華やかに★

オーブン料理

ダッチオーブンの真骨頂がオーブン料理。鍋の中を高温にできるので、かたまり肉をおいしくローストできる。香ばしい焼き目をつけるのも得意。

ラムの香草焼き

【作り方】ラムチョップに塩、コショウで下味をつけ、粒マスタードを塗る。みじん切りにしたニンニク・セロリ・ローズマリー、粉チーズを混ぜたパン粉を、ラムチョップにつける（写真）。網を敷いたダッチオーブンに衣をつけたラムチョップを並べて、オリーブオイルを少し垂らす。ダッチオーブンのフタをして、上下からの熱で15分ほど焼く。

蒸す

ダッチオーブンは基本的に深さがあるので、底網を敷いて水を入れれば蒸し器のようになる。フタに手ぬぐいを巻くか、容器にアルミホイルを載せれば仕上がりがきれい。

粗熱がとれたら容器を取り出して、クーラーボックスの中で冷やす。好みでホイップクリームとシナモンをトッピングして完成。

カボチャのプリン

【作り方】カボチャ250gを適度な大きさに切って、蒸して柔らかくする。皮ごとマッシュ（皮をむいた方が仕上がりはきれい）してザルなどで裏ごし（写真）。牛乳250ccを火に掛け、砂糖大さじ2を溶かし、冷ます。卵2個とカボチャ、牛乳+砂糖を混ぜ合わせる。液をこしてからカップに入れる。あればカラメルタブレットを底に敷いておくとほろ苦くておいしくなる。ダッチオーブンで30分ほど蒸したら完成。

炊飯

むらなく加熱できるので芯が残ることはほとんどなく、おいしく炊ける。ステンレス製は油の影響を受けないので米のおいしさが引き立つ。

サーモンの混ぜご飯

【作り方】米を30分以上水に漬け、炊飯開始。水分は米の1～1.1倍。最初は強火で加熱し、沸騰したら極弱火にして約5分でごはんが炊き上がる（写真）。蒸らし終わったら、ごはんに軽く塩、コショウ、バターでソテーしたマッシュルーム、シソ、ゴマを混ぜ合わせて味つけをして、その上にレモンの輪切りとスモークしたサーモンを載せる。サーモンの身をほぐしてサーブ。

Lesson 3

ダッチオーブンの使い方TIPS

TIPS 1 底網を使えば仕上がりが美しい

ダッチオーブンの底に網を敷いておけば、底だけが焦げつくのを防ぐことができる。写真のようにアルミホイルを敷いておけば、汁が落ちて焦げることもなく、焦げくささがつきにくい。

TIPS 2 スモークだってこの通り

アルミホイルを敷き、スモークチップを置いて加熱。その上に網を載せて、食材を置けばスモークを作れる。フタは少しあけておくことがポイントだ。

小道具を上手に使って料理の幅を広げよう

ダッチオーブンはそのままでもおいしい料理を作れるけれど、ちょっとした工夫でよりおいしく・美しい料理に仕上がる。

なかでも底に敷く網は、スモークや蒸し物はもちろん、ローストしても焦げつきにくいなど使い勝手がよく、ダッチオーブンの調理の幅を広げる小物のひとつ。ぜひ手に入れておきたい。

また、ダッチオーブンの蓄熱性をいかして、シェラカップや小さめのココット型にソースを入れてダッチオーブンの中に。そのままテーブルに出せば、料理もソースも長い間熱々なので、寒い季節に重宝する。

TIPS 3 いつまでもあたたかいからそのままテーブルへ

野菜が蒸し上がったら、ダッチオーブンの中央にバーニャカウダのソースを入れたシェラカップを置く。高い蓄熱性のおかげで、食材が冷めにくいので寒い季節に最適。チーズフォンデュでもいい。

TIPS 4 シェラカップにソースをイン

熱に強いシェラカップに温めたソースを入れて、ダッチオーブンへ。

小物のかしこい
使い方って!?

リフターがあれば焚き火料理がスムーズ

耐熱グローブでもいいけれど、焚き火で調理をするならリフターのほうが断然便利。引っかけるだけのものより、しっかり支えられるもののほうが安定性が高い。とくに子どもと料理をするなら、フタをしっかり支えられるもののほうが安心だ。

ロッジ
デラックス
リッドリフター

フックを引っかけ、3本の脚で固定するので少しくらい斜めにしても落ちることはない。

TIPS 5 よく熱しておけば焦げつかない

魚や卵など、食材がくっつきやすいのはダッチオーブンの温めが不十分、あるいは鉄に油がなじんでいないことが原因にあげられる。火にかけたらよく熱してから食材を入れよう。

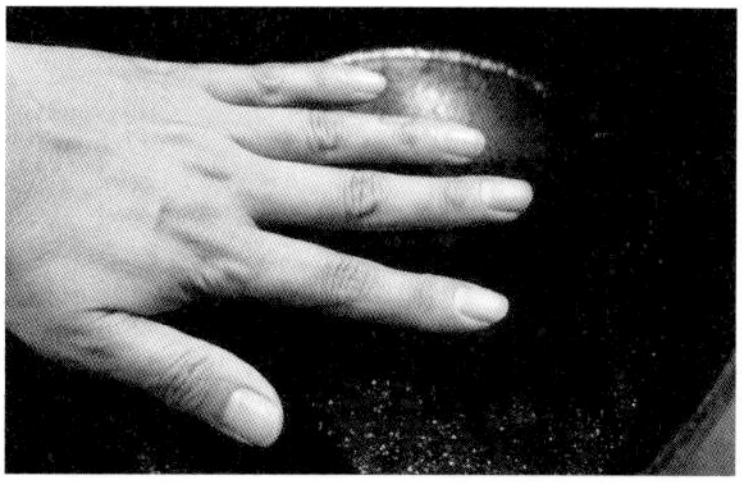

ダッチオーブンに楽に手を近づけられる **➡低温**

手をかざすと5秒ぐらいガマンできる、
油を引くとサーッと小雨の音がする
➡150 ～ 180℃の中火

熱くて手をかざすことができない、
油を引くとバチバチという大粒の雨音がする
➡200℃以上の強火

DUTCH OVEN

Lesson 4

ダッチオーブンの手入れを覚えよう

シーズニングが必要な
ダッチオーブンは最初が肝心！

購入したらすること（シーズニング）

本体とフタをバーナーに載せて加熱し、表面の錆止めを焼き切る。

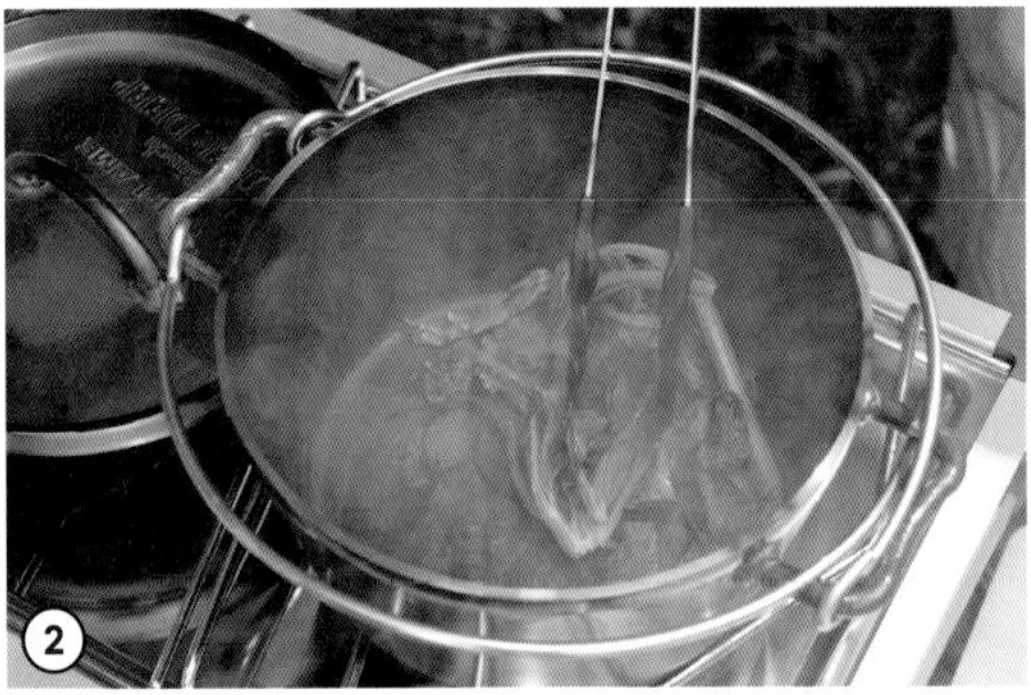

煙が落ち着いたら、油を引いてくず野菜を炒める。その後、水洗いをしたら熱して乾燥。油を薄く引いて準備完了。鋳鉄製のダッチオーブンは、野菜を炒める→水洗い→乾燥を2 〜 3回繰り返す場合もあるので、説明書を確認しよう。

長く使い続けるためには正しい手入れを行うこと

ダッチオーブンは日頃の手入れ次第で一生使える。錆び止めが塗布されているものは、購入後によく熱して焼き切ることが肝心だ。これをシーズニングといい、シーズニングをし忘れると焦げやすくて扱いづらくなる。

また、スチーム料理や酸味が強い料理を作ると表面の油が抜けたり、錆びたりする場合がある。こんなときは、錆びを落とした後にシーズニングをやり直して。保管する場合は、熱いうちに油を薄く塗ったらしっかり冷ます。あたたかいうちに収納すると、結露で錆びる危険があるからだ。

日常の手入れ

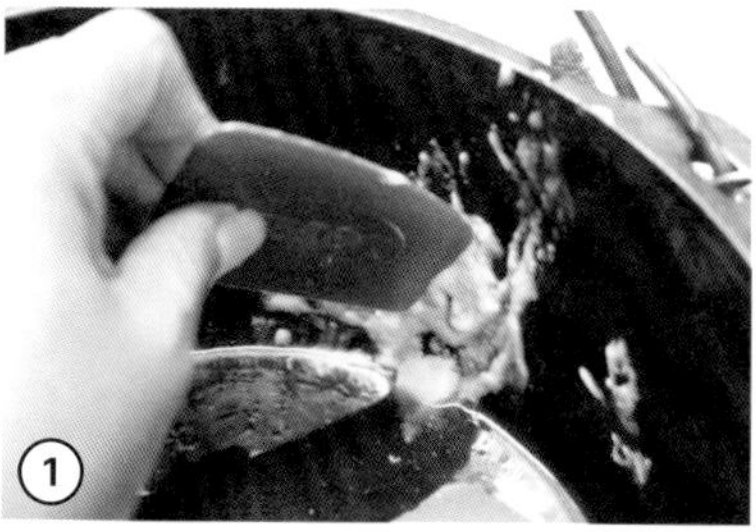

スクレーパーで汚れをかき落とす。

ロッジ
スクレーパー
パック
2pc入り

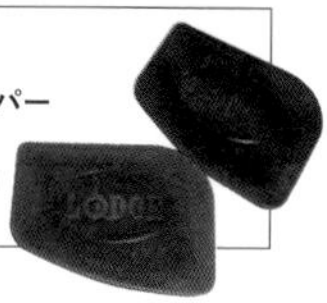

ダッチオーブンに水を張り、沸騰させる。焦げやにおいがひどい場合は、重曹で手入れをして、シーズニングをし直す。

柄が付いた柔らかなブラシで汚れを落とす。

細かな汚れが残っていたら、やけどをしない程度にダッチオーブンが冷めてからアクリルたわしで洗う。手で洗うので細かなところもきれいに洗えるし、アクリル糸のエッジ効果で汚れをかき落とせる。

チャオラス
スキレットケア
2枚セット

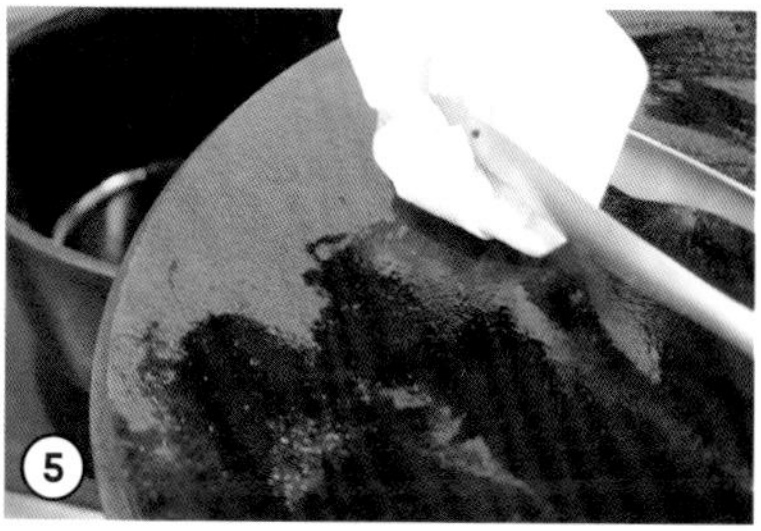

熱して水分を飛ばしたら、熱いうちに油を薄く引く。キッチンペーパーなどを使って、油を微小孔まで浸透させよう。

⑥ 冷ましてから保管！

冷ましてから保管すれば
温度変化で水滴がつかず、錆びにくい。

DUTCH OVEN

Recipes

ダッチオーブン定番料理4選

DUTCH OVEN 1

ローストビーフ

材料(4〜5人分)

牛肉(ブロック)　2kg
ニンニク　1片
セロリ　1束
タマネギ　4個
ニンジン　4本
ジャガイモ　4個
クレイジーソルト　適量
塩、コショウ 各適量

作り方

❶ 牛肉に切り込みを入れ、皮をむいたニンニク片を詰める。タコ糸でしっかり巻き、クレイジーソルトと塩、コショウをすり込む。

❷ 熱したダッチオーブンのフタで肉の周囲を焼いて焼き色をつける。ダッチオーブンの本体に網を置き、肉を載せる。周囲に野菜を追加。

❸ 上下から弱火で30分ほど加熱。肉を取り出してアルミホイルでくるみ、粗熱を取ったら完成。

POINT

肉の焼け具合は、串を差し込んでスッと入れば中まで焼けている証拠。

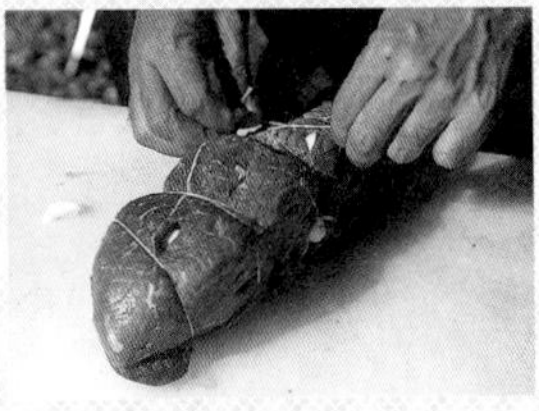

タコ糸で肉を巻くときは、グルグル巻きにして形を整えよう。

DUTCH OVEN 2

ローストチキン

材料（4人分）

丸鶏（下処理済みのもの）　1羽
ニンニク　1個
塩、粗挽きコショウ　適宜
ローズマリーかタイム　ひとつまみ
オリーブ油　適宜
ジャガイモ　適宜
ニンジン　適宜
トウモロコシ　適宜
サツマイモ　適宜

作り方

❶ 丸鶏に塩と粗挽きコショウを振る。外側だけでなく、お腹の中にもしっかりと。

❷ お腹の中に、皮をむいてつぶしたニンニクとローズマリー、タイムを詰めて、手足を縛る。

❸ 予熱したダッチオーブンにオリーブ油をなじませ、❷の丸鶏を腹から載せる。強火で、まんべんなく表面に焼き色を付ける。

❹ フタをして、上に炭を置く。上火は中火、下火は弱火にして30～40分加熱。

❺ ジャガイモやニンジン、トウモロコシ、サツマイモを加えて、フタをしてからさらに20分ほど加熱すれば完成。

POINT

プレヒートはダッチオーブンの実力を発揮するうえで重要。炭がおき火になるのを待つと同時に、プレヒートしよう。

ダッチオーブンを使ってじっくり加熱すると、素材は芯まで柔らかくなる。野菜は皮まで十分に柔らかくなるのでむかなくてもOK。

大きな肉をそのまま焼けるのは、ダッチオーブンならでは。オーブン焼きすれば、表面をパリッと、内側までジューシーに焼き上げてくれる。

下火が強すぎると焦げてしまうので注意。ダッチオーブンを吊るすアイテムがないときは、底に網を敷けば焦げ付き防止に。

DUTCH OVEN 3

海鮮パエリア

材料（4人分）

貝（ムール貝またはアサリ）　10個
エビ（殻付き）　6尾
イカ　1杯
タマネギ（乱切り）　1個
パプリカ（赤・黄）　各1/2個
インゲン（半分の長さに）　5本
黒オリーブ　10粒
米　3合
オリーブ油　大さじ1
サフラン　ひとつまみ
白ワイン　1/2カップ
ニンニク（みじんぎり）　1片
<スープ>
水　2 1/4カップ
塩、コショウ　各少々

作り方

❶ アサリは砂を吐かせておく。エビは背わたを取り、イカは下処理をして食べやすい大きさに切る。サフランは白ワインに漬けておく。スープの材料を温めておく。

❷ ダッチオーブンでオリーブ油を熱し、ニンニクとタマネギを強火でサッと炒める。タマネギが透き通ってきたら、インゲンとパプリカ、魚介類を加えてさらに炒める。

❸ アサリが半分くらい開いたら、米を2度に分けて炒める。

❹ 米が透き通ってきたら、❶のサフラン入り白ワインとスープを加える。

❺ 米がスープを吸って水気がほぼなくなったら、黒オリーブを散らしてフタをする。ごく弱火で3分加熱し、火を止めて7〜8分蒸らす。飾りにパセリのみじん切りを散らしてもOK。

POINT

パエリアは炒める→炊くという手順が必要だが、キャンプダッチやキッチンダッチは炒めづらいのが弱点。スキレットでの調理が最適。

ダッチオーブンは密閉性が高く、水分を逃さないために、普通のご飯釜で炊くときよりも水は少なく入れる。水と米は1対1程度で。

DUTCH OVEN 4

ラムのトマト煮込み

材料（4人分）

ラムチョップ　8本
完熟トマト（ざく切り）　3個
ニンニク（薄切り）　1片
小タマネギ　8個
ニンジン　1本
ジャガイモ（大）　2個
赤ワイン　1/4カップ
セージ（生葉）　2枚
固形スープの素　2個
塩、コショウ　各適宜
オリーブ油　大さじ1

作り方

❶ ダッチオーブンにオリーブ油とニンニクを入れて加熱。塩、コショウをすり込んだラムチョップを入れ、両面を焼いたらいったん取り出す。

❷ トマト、ひとくち大に切ったニンジンとジャガイモ、皮をむいた小タマネギを入れて中火で炒め、赤ワイン、固形スープの素を加える。

❸ 煮立ったらラムチョップを戻し入れ、セージを加え、フタをして弱火でコトコトと20～30分ほど煮込む。最後に塩、コショウで味を調える。

POINT

ラム肉は中まで火は通さず、両面に焼き色をつけて、うまみを閉じ込めるのがコツ。

＼家族みんなで楽しく過ごすための／

子どもたちが喜ぶ キャンプ場選びのキホン

小さな子どもが一緒だと、キャンプ場選びの視点もちょっと変わってくる。
そこで子どもも楽しく、パパママもうれしいキャンプ場選びの基本とおすすめのキャンプ場を紹介!

キホン❶

BASIC 1

イメージするロケーションで選ぶ

キャンプ場選びに悩んだら、どんなロケーションでキャンプを楽しみたいのかを考えてみよう。海水浴なら「海キャンプ」、昆虫採集なら「山キャンプ」、カヌーをするなら「湖畔キャンプ」と、子どもと一緒に何をして遊びたいかを考えてみれば、出かけるキャンプ場も絞られてくるはずだ。子どもと一緒にどんなことをして遊びたいのか相談して決めるのもおすすめ。

高原のキャンプ場

ブナの原生林に囲まれた、自然豊かなエリアに広がる「月山あさひサンチュアパーク」

山のキャンプ場

自然を活かして作られた南アルプスを望める「ACN信州伊那谷キャンパーズヴィレッジ」。

海のキャンプ場

キャンプサイトの目の前に波の静かなクリスタルビーチが広がる「宇久須キャンプ場」。

川のキャンプ場

キャンプサイトのすぐ脇を流れる清流で水遊びが楽しめる「大見いこいの広場」。

※時期によって、体験イベントの中止や設備利用の制限を行っている場合があります。
来場前にHPなどで最新情報を確認してください。

TEXT／牛島義之

キホン❷

BASIC 2

家から近い
キャンプ場を選ぶ

キャンプ場までの移動に時間がかかると疲れてしまうし、渋滞などのトラブルがあると「チェックイン時間に間に合わない！」「着いたら急いで設営しなきゃ！」など、気持ちに余裕がなくなる。親がイライラすれば子どもにもいい影響はない。そこでキャンプ場は2時間圏内を目安に選ぼう。ICから近いキャンプ場も気分的に楽なので選ぶ際の目安にしたい。

移動に長い時間がかかると運転手だけでなく、乗っている子どもも疲れてしまう。

ICから近いと見知らぬ土地の運転が少なくてすむので、気分的にも楽。

BASIC 3

キホン❸

余裕ができる設備の充実度で選ぶ

子どもと過ごす時間を十分にとりたい人は、設備が整ったキャンプ場へ出かけよう。ワイルドなキャンプ場も楽しいけれど、親のキャンプ経験が少なければ、不便な環境を楽しむ余裕がなく、子どもとの時間も少なくなりがち。でも設備が整っていれば、設営が楽にできたり、お風呂があればクルマで出かけなくてもすむので、子どもと過ごす時間も増えるはずだ。

温水も出るので洗い物が楽にできる「キャンプ・アンド・キャビンズ那須高原」の炊事棟。

「PICA富士西湖」のゲストハウスには、焚き火グッズが充実した売店もある。

売店なども兼ねた「ケニーズ・ファミリー・ビレッジ／オートキャンプ場」の管理棟。

「青川峡キャンピングパーク」では、すぐ脇を流れる青川で水遊びができる。

キホン❹ BASIC 4

暑さを吹き飛ばす水遊びで選ぶ

子どもに人気の夏の遊びといったら水遊び。楽しいだけでなく、ほてった体を冷やしてくれるので、熱中症対策にも効果的だ。水遊びができるのは、すぐ脇を流れる天然の川、川から場内に引いた人工の小川、小さな子どもも遊べるジャブジャブ池、本格的なプールなど、キャンプ場によってさまざま。イメージに合った水遊びができるキャンプ場を選んでみよう。

すぐ横の根尾東谷川や場内のジャブジャブ池で水遊びが楽しめる「NEOキャンピングパーク」。

「大子広域公園オートキャンプ場グリンヴィラ」では、併設の温泉プールも利用できる。

BASIC 5 キホン❺

親子で入れるシャワーや風呂で選ぶ

昭和レトロの雰囲気が人気の「有野実苑オートキャンプ場」にある家族風呂。

子どもと一緒に入る共同浴場は「うるさくないかな?」「まわりの人に迷惑かけるかも……」など、周囲の目を気にしてのんびりできないことが多い。でも、子どもと一緒に入れる広いシャワー室や、貸し切りできる家族風呂があると、まわりに気兼ねなくお風呂に入れる。とくに子どもが小さいファミリーは、この点を重視して選んでみよう。

「キャンプ・アンド・キャビンズ那須高原」のシャワー室には親子シャワーを完備。

BASIC 6

キホン❻

気軽に楽しめる体験教室で選ぶ

せっかくキャンプに来たのだから、アウトドアらしい遊びがしたいけれど、親には知識も経験もないので、どんな遊びをすればいいのかわからない、というケースも多い。そんなときは、体験教室が充実したキャンプ場を選んでみよう。カヌー、フィッシング、アウトドア料理、収穫体験など、体験したいアクティビティがあるキャンプ場を今からチェックだ!

「PICA富士西湖」はレンタルが充実。西湖や場内の釣り堀で釣りが楽しめる。

レンタルカヌーやMTBで、気軽にアクティビティが楽しめる「猪苗代湖モビレージ」。

一年を通して、場内で野菜や果物の収穫体験ができる「有野実苑オートキャンプ場」。

BASIC 7

キホン❼

子どもが使いやすいトイレで選ぶ

小さい子どもは、慣れていない和式や汲み取り式、仮設トイレでは用が足せない場合も。そんな子どもを連れてキャンプへ行くときは、キレイなトイレがあるかどうかも重要になる。キレイなトイレがあるキャンプ場は、HPに写真で掲載されていることが多いので、事前に確認しておこう。掲載がない場合は電話などで確認してから予約をするといい。

「キャンプ・アンド・キャビンズ那須高原」には、幼児用トイレが付いた「親子トイレ」も。

「PICA富士西湖」のトイレは、炊事棟と一緒になったコテージ風のキレイな建物にある。

BASIC 8

キホン❽

遊び場が充実しているかで選ぶ

昔ながらのワイルドなキャンプ場は、特別な遊具があるわけではないので、親が遊びを準備しなければならない。キャンプに慣れているファミリーならいいが、そうでない場合は遊びが充実しているキャンプ場を選ぼう。それなら「キャンプ場では何をして遊べばいいの?」という人でも安心だ。遊園地に併設されたキャンプ場もあるので、チェックしてみよう。

「ツインリンクもてぎ 森と星空のキャンプヴィレッジ」は遊園地やレジャー施設が充実。

子どもが喜ぶ遊具がたくさんある「キャンプ・アンド・キャビンズ那須高原」。

テーマ別

おすすめキャンプ場21選

紹介した「キホンの選び方」を踏まえて、テーマ別にキャンプ場を紹介。
気になるキャンプ場をチェックしてみよう!

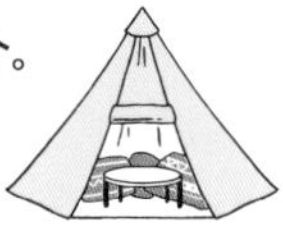

FACILITY

設備が充実したキャンプ場

公園

茨城県 常磐道・那珂ICから約60分

大子広域公園オートキャンプ場グリンヴィラ

温泉施設も備えた高規格キャンプ場

大子広域公園内にあるキャンプ場は、AC電源付き個別サイト、AC電源・給排水設備完備のキャンピングカーサイト、フリーサイトのほか、トレーラーやキャビンなどの宿泊施設も充実。炊事棟には給湯設備のほか、有料のガスコンロも備えられている。またセンターハウスにある温泉施設は、露天風呂も備わっていてキャンパーに人気が高い。

1.キレイな芝生のサイトが印象的なキャンプ場。2.露天風呂を備えたキャンパー専用の温泉施設。3.炊事棟は給湯設備やコイン式ガスコンロを完備。4.本格的なアメリカントレーラーにも宿泊できる。

DATA

茨城県久慈郡大子町大字矢田15-1
TEL.0295-79-0031
http://www.greenvila.jp/

林間

山梨県　中央道・河口湖ICから約15分

PICA富士西湖

1. 広々とした「TENBAフリーサイト」。2. 清潔で使いやすい給湯器付きの炊事棟。

森と湖に囲まれた北欧スタイルのキャンプ場

西湖のほとりに広がる自然豊かなキャンプ場ながら、給湯器付きの屋内炊事棟、暖房便座付き水洗トイレ、男女別お風呂棟などがあり、設備が充実している。テントサイトや宿泊施設もさまざまなスタイルから選べる。

DATA
山梨県南都留郡富士河口湖町西湖2068-1
TEL.0555-30-4580
https://www.pica-resort.jp/saiko/

川岸

三重県　東海環状道・大安ICから約10分

青川峡キャンピングパーク

1. 広々として開放的なオープンサイト。2. エコ洗剤も常備されているキレイな炊事棟。

ビギナーでも安心の快適な設備が充実

青川に沿って作られたキャンプ場には、オープンサイトやプライベートサイト、水辺サイトなど雰囲気の違ったサイトが並ぶ。センターハウスには、無料で利用できるお風呂や品ぞろえが充実した売店などがあり初心者も安心。

DATA
三重県いなべ市北勢町新町614
TEL.0594-72-8300
http://www.aogawa.jp

高原

岡山県　中国道・大佐スマートICから約10分

大佐山オートキャンプ場

1. 専用のAC電源とシンクの付いた区画サイト。2. ロッジは大型ながらリーズナブルで人気。

さまざまなアウトドア体験も楽しめる

ほぼすべてのサイトにAC電源とシンクが備わっており、サニタリー棟にはコインシャワーやコインランドリーを備えた、西日本有数の高規格キャンプ場。洞窟探検やシャワートレッキングなどのアクティビティも人気。

DATA
岡山県新見市大佐小南1
TEL.0867-98-3711
http://0380.jp/

親子シャワーや家族風呂があるキャンプ場

林間

栃木県　東北道・那須ICから約7分

キャンプ・アンド・キャビンズ那須高原

子どもが主役になれるキャンプ場

「こどもにきゃんぷ」をテーマにした、アメリカンテイスト満載のキャンプ場。年間を通じて子どもが楽しめるイベントを開催したり、親子で入れるコインシャワーや親子トイレなど、小さな子どもがいるファミリーにはうれしいサービスが充実している。

1. 遊具や屋根付きスペースがあるKIDS PLAYサイト。2. 露天風呂には親子シャワーも備えている。3. 場内にはさまざまな子どもの遊び場がある。

DATA

栃木県那須郡那須町高久甲5861-2
TEL.0287-64-4677
http://www.camp-cabins.com/

林間

千葉県　東関道・酒々井ICから約20分

有野実苑オートキャンプ場

野菜の収穫体験が一年中楽しめる

木々が生い茂るキャンプ場内では、オートキャンプサイトやソロサイト、テラス付きのキャンパーズテラスサイトなど、さまざまなスタイルでのキャンプが楽しめる。また一年を通して、収穫体験が楽しめるのも魅力だ。昭和の雰囲気が漂う家族風呂も人気の施設。

1. 場内には木々が生い茂り、涼しく過ごせる。
2. 昭和の雰囲気を演出した人気の家族風呂。
3. 温水洗浄便座付きの水洗トイレを完備。

DATA

千葉県山武市板中新田224
TEL.0475-89-1719
http://www.arinomi.co.jp/

林間

山形県　山形道・湯殿山ICから約5分

月山あさひサンチュアパーク

1．広々として開放的なオートキャンプサイト。2．親子で入れるゆったりとしたシャワールーム。

設備充実ながら大自然が残る環境が魅力

月山と湯殿山に近い、ブナの原生林に囲まれたキャンプ場。芝生のサイトは広々として開放的だ。親子で入れる広いシャワールームを備えるほか、自由に使える物干し台や冷蔵庫、電子レンジが備わっているのもうれしい。

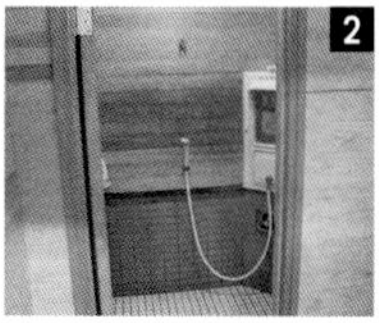

DATA

山形県鶴岡市田麦俣字六十里山125-8
TEL.0235-54-6606
http://yudonosan.com/camp/

高原

岡山県　米子道・久世ICから約40分

津黒高原キャンプ場

1．広々として充実した設備のオートサイト。2．隣接する津黒高原荘では温泉が楽しめる。

充実した設備のなかで大自然を楽しめる

自然観察会を開催するネイチャーセンターや温泉施設などが集まるレクリエーションゾーン内のキャンプ場。オートサイトは、シンク・調理台・かまどを備えた充実ぶり。隣接する津黒高原荘では家族風呂が利用できる。

DATA

岡山県真庭市蒜山下和1080-1
TEL.0867-67-2655
http://www.tsuguro.jp/campsite/index.html/

林間

静岡県　新東名道・新富士ICから約30分

ACN西富士オートキャンプ場

1．緑が豊かで野鳥観察も楽しめる。2．貸し切りの家族露天風呂は24時間入浴できる。

イベントが充実した人気のキャンプ場

広大な野鳥の森内に整備されたキャンプ場では、川遊びやカブトムシ取り、メロンパン作りなど、さまざまな体験ができる。貸し切り制の露天風呂や自分で湯を入れてくつろぐ貸し切りバスルームはキャンパーに人気。

DATA

静岡県富士宮市内野1687
TEL.0544-54-1947
http://www.nishifuji.com/

EXPERIENCE

体験教室が充実したキャンプ場

林間

栃木県　常磐道・水戸北スマートICから約30分

ツインリンクもてぎ 森と星空のキャンプヴィレッジ

1. 初心者でも楽しめる人気のグランピングサイト。2. アスレチックや立体迷路もある「モビパーク」。

隣接する里山で自然を肌で感じられる

緑に囲まれたサイトでのオートキャンプを始め、グランピングやログキャビンでの宿泊も可能。ツインリンクもてぎ内にある里山「ハローウッズ」では、ジップラインやさまざまな自然体験プログラムがあり、楽しみながら学べる。

DATA

栃木県芳賀郡茂木町桧山120-1

TEL.0285-64-0489

https://www.twinring.jp/f-glamping/

川岸

千葉県　館山道・君津ICから約23分

オートキャンプ・フルーツ村

1. 場内を流れる川でカヌー体験が楽しめる。2. 緑に囲まれた水はけのいいキャンプサイト。

釣りやカヌー、果物狩りと楽しみがたくさん

房総半島のほぼ中央に位置する、自然豊かなキャンプ場。サイトは草地や林間、川沿いなど、バリエーションも豊富。場内を流れる小糸川で釣りやカヌーが体験できるほか、観光農園フルーツ村では季節の果物狩りが楽しめる。

DATA

千葉県君津市旅名96　TEL.0439-38-2255

http://www.fruitsvillage.com/

林間

長野県　中央道・松川ICから約30分

ACN信州伊那谷 キャンパーズヴィレッジ

1. 山間の自然が活かされたキャンプサイト。2. 本格的なMTBスクールやツーリングも実施。

自然が残る隠れ家のようなキャンプ場

中央アルプスと南アルプスに挟まれた、緑豊かな伊那谷にあるキャンプ場。地形を活かして作られた場内では、自然を肌で感じるキャンプが楽しめる。場内ではネイチャークラフトやMTB、沢遊びなど、さまざまな体験ができる。

DATA

長野県上伊那郡中川村大草7833

TEL.0265-88-2695　http://www.odp.jp/

高原

新潟県 関越道・塩沢石打ICから約60分

無印良品津南キャンプ場

1. 広々としたサイトでのんびりと過ごせる。2. ファミリーで楽しめる人気のカヤック教室。

自然のなかでさまざまなアウトドア体験を

自然の地形をそのまま残して作られたキャンプ場では、ありのままの自然を楽しむことができる。また場内では、カヌーや釣り、クラフト教室、自然探索など、60以上もの予約制アウトドア教室を開催している。

DATA

新潟県中魚沼郡津南町上郷寺石
TEL.03-5950-3660
https://www.muji.net/camp/

林間

滋賀県 名神道・八日市ICから約30分

グリム冒険の森

1. 十分な広さがありゆったりくつろげるサイト。2. バウムクーヘン作りなどの体験教室が人気。

年50回ほど行われる体験教室が人気

豊かな森にあるキャンプ場では、垣根で区切られたオートキャンプサイトを始め、フリーオートキャンプサイト、ペットサイトなど、スタイルに合わせたキャンプが楽しめる。バウムクーヘン作りやお菓子の家作りなども開催。

DATA

滋賀県蒲生郡日野町熊野431
TEL.0748-53-0809
http://www.grimm-camp.com/

林間

香川県 高松道・善通寺ICから約25分

国営讃岐まんのう公園オートキャンプ場「ホッ!とステイまんのう」

1. AC電源・シンク・調理台完備の一般カーサイト。2. 屋根付きテラスがあるコンフォートキャビン。

国内屈指の規模と設備でキャンプを満喫

国内でも有数の規模を誇る国営公園内のキャンプ場。AC電源・シンク・調理台付きのサイトなど、設備も充実している。自然生態園ガイドウォークや里山伝承体験など、さまざまな体験ができるのもうれしい。

DATA

香川県仲多度郡まんのう町吉野4243-12
TEL.0877-79-1717
http://www.mannokouen.go.jp/

WATER ACTIVITY

水遊びができるキャンプ場

湖畔

福島県 磐越道・猪苗代磐梯高原ICから約15分

猪苗代湖モビレージ

1. 木陰が涼しい林間のサイトは夏でも快適。2. 目の前に広がる湖で湖水浴が楽しめる。

長期滞在もできるアウトドアリゾート

磐梯山を望む猪苗代湖畔に広がるキャンプ場には、湖畔や林間に100のサイトが広がり、スタイルに合わせたキャンプが楽しめる。眼前の猪苗代湖で楽しむ湖水浴やカヌー、場内のコースを走るMTBは人気のアクティビティだ。

DATA

福島県会津若松市湊町大字赤井字笹山原408
TEL.0242-94-2052
http://www.inawashiroko-mv.com/

川岸

埼玉県 圏央道・青梅ICから約40分

ケニーズ・ファミリー・ビレッジ/オートキャンプ場

1. 名栗川の流れが目の前に広がる河原サイト。2. 夏は川を利用した天然のプールが登場。

天然のプールで川遊びを楽しもう

都心から近い立地でありながら、自然が豊かなファミリーに人気のキャンプ場。サイトはAC電源付きの一般サイトのほか、名栗川のすぐ横に広がる河原サイトも。名栗川では、水遊びや水生生物の観察が楽しめる。

DATA

埼玉県飯能市上名栗3196
TEL.042-979-0300
http://www.kfv.co.jp/

海

静岡県 東名道・沼津ICから約90分

宇久須キャンプ場

1. ビーチに沿って作られたサイト。2. クリスタルビーチは遠浅でファミリーに人気。

海水浴とキャンプを同時に楽しめる

海水浴や磯遊びが楽しめるクリスタルビーチを目の前に望む、サイト数100区画の公営キャンプ場。全長500mのビーチは遠浅なので、小さな子どもを連れたファミリーでも安心して楽しめる。温水シャワーや炊事棟も完備。

DATA

静岡県賀茂郡西伊豆町宇久須2102-13
TEL.0558-55-0311
http://ikoyo-nishiizu.jp/ugusu/

川岸

岐阜県 東海環状道・関広見ICから約60分

NEOキャンピングパーク

1. AC電源が付いたオートキャンプサイト。2. 場内のじゃぶじゃぶ池では魚のつかみ取りも。

清流での川遊びやイベントが魅力！

自然豊かな根尾東谷自然体験エリアにあるキャンプ場。オートキャンプサイトを始め、コテージやトレーラーキャビンなどの宿泊施設が並ぶ。すぐ横を流れる根尾東谷川や場内のじゃぶじゃぶ池で水遊びができるのも魅力だ。

DATA

岐阜県本巣市根尾下大須1428-1
TEL.0581-38-9022
http://www.neocamp.jp/

林間

滋賀県 北陸道・木之本ICから約15分

大見いこいの広場

1. 真横を高時川が流れるオートキャンプサイト。2. 緩やかな流れの高時川では川遊びが楽しめる。

サイトすぐそばの川で水遊びが楽しめる

AC電源を備えたオートサイト、開放的なフリーサイト、ログハウス風ヴィラなど、さまざまなスタイルで宿泊が可能。すぐ脇を流れる高時川では川遊びが楽しめ、夏はファミリーで賑わう。予約制のクラフト教室も人気。

DATA

滋賀県長浜市木之本町大見678
TEL.0749-82-2500
https://omiikoinohiroba.net/

川岸

広島県 松江道・高野ICから約7分

ACN大鬼谷オートキャンプ場

1. 広葉樹林に囲まれたオートキャンプサイト。2. 場内にあるたくさんの浅瀬で川遊びが楽しめる。

場内に川が流れる県下最大級のキャンプ場

自然豊かな県下最大級のキャンプ場。林間や芝生、川沿いのエリアなどに分かれたオートサイトには、AC電源・シンクが付いたサイトもある。場内を流れる川での川遊びをはじめ、MTBやツリーアドベンチャーなど遊びも豊富。

DATA

広島県庄原市高野町南257
TEL.0824-86-2323
http://www.ogidani.co.jp/

本書は、キャンプ雑誌『ガルヴィ -GARVY-』（実業之日本社刊）各号の
掲載記事を元に再編集し、刊行するものです。

編集協力　牛島義之　大森弘恵　岡本倫幸　カーネル（大橋保之　横山穂波）
写真協力　逢坂 聡　猪俣慎吾　佐藤弘樹
協力　オートキャンプ フルーツ村　PICA富士吉田
ボスコオートキャンプベース　エイアンドエフ　コールマン ジャパン
ロゴスコーポレーション　新越ワークス　新富士バーナー
スノーピーク　モンベル　sotosotodays

装丁　吉田恵美（mewglass）
本文デザイン　吉田恵美（mewglass）　竹内淳　増子文

編集　風間貴允（実業之日本社）

GARVY CAMP BOOKS
快適《かいてき》キャンプマニュアル

2021年9月21日　初版第1刷発行

編者　ガルヴィ編集部

発行者　岩野裕一

発行所　株式会社実業之日本社
〒107-0062　東京都港区南青山5-4-30
CoSTUME NATIONAL Aoyama Complex 2F
電話【編集部】03-6809-0452　【販売部】03-6809-0495
https://www.j-n.co.jp/

印刷・製本　大日本印刷株式会社

ISBN978-4-408-33993-1（第一アウトドア）